떠나온 이들과 함께한 그리움의 시간들
아버지의 북녘하늘

떠나온 이들과 함께한 그리움의 시간들

아버지의 북녘하늘

신미녀 지음

말그릇

여는 글

통일의 꿈 가슴에 품고

    인생이 참 묘하다. 돌아보면 후회와 아쉬움이 밀려오지만 결코 되돌아갈 수 없다.
    나는 실향민 아버지의 딸이다. 아버지는 저녁 노을이 붉게 물들면 멍하니 함경도 길주 하늘을 올려다보시며 깊은 한숨을 내쉬셨다. 철이 들고 한참 후에야 그 한숨의 의미를 깨달았다. 길주의 하늘은 올려다보기엔 너무 먼 곳에 있다는 것도 늦게 알았다.
    나는 타고난 효녀는 아니다. 그저 아버지의 피를 이어받은 딸일 뿐이다. 어린 시절 언제부터인가 남다른 꿈이 하나 생겼다. 아버지를 모시고 그토록 그리워하시던 길주로 가는 일이었다. 생각이 행동이 되고 행동이 운명이 된다고 했던가. 그 꿈은 나를 평범한 길보다 좁고도 먼 평탄하지 않은 길로 이끌었다. 나는 그 길을 기꺼이 운명으로 받아들였다.

'평화로 하나 된 조국' 그 꿈을 가슴에 품고 어느덧 40년 가까운 세월을 걸어왔다. 비록 아버지를 모시고 고향에 갈 기회는 주어지지 않았지만 스스로의 다짐은 가슴 깊은 곳에 뿌리를 내렸다. 사명이라는 이름의 씨앗은 외롭고도 긴 여정을 뚜벅뚜벅 걷게 했다.

사람들은 종종 내게 묻는다. 그 힘든 길을 왜 가냐고. 당신이 애쓴다고 통일이 앞당겨질 것 같냐고. 그때마다 나는 답한다. 내가 짊어진 무게만큼 누군가의 짐이 새털만큼이라도 가벼워지지 않겠느냐고. 애쓰는 사람이 하나 더해지면 남북통일이 하루라도 빨라지지 않겠느냐고.

이승만 대통령은 북녘 동포들에게 "희망을 버리지 마시오. 우리는 여러분을 잊지 않을 것입니다"라고 했다. 밤하늘에서 내려다본 한반도 야경은 남쪽은 불야성이고 북쪽은 암흑 속에 잠겨 있다. 그 빛과 어둠의 경계를 볼 때마다 내 통일의 꿈은 더욱 간절해진다.

걸어온 길은 결코 평탄하지 않았다. 울퉁불퉁하고 굽이지고 곡절도 많았다. 하지만 그 길도 사람이 오가는 길이니 정이 있고 웃음도 있었다. 어둠 속에서 반짝이는 별이 더 곱고 찬란한 법이다. 험한 길은 여럿이 걸어야 힘이 나고 희망도 생긴다. 주저앉고 싶을 때마다 손잡아 일으켜주고 응원가를 불러주신

분들이 많았다. 덕분에 좌절하지 않고 여기까지 왔다. 감사하고 고마운 마음이 가슴에 가득하다. 주춤대지 말고 당당히 걸어가야겠다는 용기도 생긴다.

꽃을 가꾸듯, 매일 내 마음의 꽃밭을 들여다보며 살아간다. 물을 주고 풀을 뽑고 거름을 주는 일처럼 한 가지 생각을 지켜내는 일도 정성과 인내가 필요하다. 이제 예순을 훌쩍 넘겼지만 아침이면 여전히 하루가 설렌다. 또 한 사람의 마음을 잇는다는 기대로, 징검다리 하나를 더 놓는다는 다짐으로, 누군가에게 빛이 되고 싶은 소망으로 하루를 연다. 오늘 아침, 내 꽃밭엔 무궁화 한 송이가 활짝 피었다.

이 책에는 22년간 만나온 탈북민들과의 이야기를 담았다. 고민이 많았다. 그들에게 상처가 되지 않을까 혹시 독자들에게 자랑처럼 비치지는 않을까 조심스러운 생각도 들었다. 그때 문득 하늘에서 나를 내려다보는 아버지의 미소가 느껴졌다. 그래, 이제 아버지께 딸의 '중간 보고서'를 쓰자. 그리 생각하니 마음이 한결 가벼워졌다. 이 글은 북녘하늘을 바라보던 아버지께 드리는 딸의 '희망 보고서'이자 약속을 끝까지 지키겠다는 '서약문'이다. 이화여대 김석향 교수는 《탈북의 역사》에서 "탈북민의 삶은 공동체가 함께 기억해야 할 역사"라고 했다. 《아버지의 북녘하늘》이 나의 개인적 기록을 넘어 탈북민을 기억하는 작은 역사적 기록이 되길 바란다.

백 리 길을 가는 자는 구십 리를 절반으로 친다고 했다. 몇 리를 걸어왔는지, 몇 리를 더 걸어가야 하는지는 나도 잘 모른다. 통일은 하루아침에 올 수도 있지만 내 생전에 보지 못할지도 모른다. 하지만 오늘도 '구십 리가 절반'이라는 뜻을 새기며 내 길을 간다. 열심히 걷다 보면 '중간 보고서'의 몇 페이지가 더 채워질 것이다.

모사재인(謀事在人) **성사재천**(成事在天), 일은 사람이 꾸미되 이루어지는 것은 하늘의 뜻이라 했다. 이 말을 가슴에 새기며 살아왔다. 통일운동을 시작한 이후, 단 한순간도 내 품을 떠나지 않은 생각이다.

프란츠 카프카는 "책은 얼어붙은 감수성을 깨는 도끼가 되어야 한다"라고 했다. 나는 그런 도끼는 되지 못하더라도 남과 북 사이에 놓인 오해와 편견을 녹이는 작은 난로쯤은 되고 싶다.

앞에서 끌어주고 뒤에서 밀어준 많은 분들 덕분에 험하고 먼 길을 걸어 여기까지 올 수 있었다. 한결같이 응원해주고 지지해준 남편은 내 삶 최고의 든든한 버팀목이다. 살림과 육아를 함께 맡아주신 시부모님 그리고 엄마의 빈자리를 스스로 채우며 훌쩍 자라준 딸 선학이와 아들 지학이에게도 고마운 마음을 전한다.

차례

여는 글 ___ 4

1장_ 아버지의 북녘하늘

잊지 못할 한 장의 사진처럼 ___ 14
한 권의 책, 한 사람의 길 ___ 25
통일을 노래하는 가수 ___ 31
그리움 너머 평양에 가다 ___ 39
내 길에 서 있는 큰 언덕 ___ 47
국민훈장, 모두의 이름으로 ___ 55

2장_ 아픈 영혼을 위한 응원가

그들의 상처, 우리의 손길 ___ 62
문을 두드리는 돌봄 ___ 73
코칭, 마음의 빗장을 풀다 ___ 80
생애나눔으로 남북을 잇다 ___ 94
그들 어깨에 작은 희망을 ___ 104
부치지 못한 고향 편지 ___ 116

3장_ 손잡고 외치는 통일

희망을 싣고 달린 통일열차 ___ 126
편견 녹인 북한사투리 노래자랑 ___ 139
무대 위에 펼친 통일의 꿈 ___ 147
모였다! 남북 주부 ___ 159
광화문을 들썩인 통일 축제 ___ 171
뛰어보자! 남한사회 ___ 179

4장_ 내면으로 걷는 시간

길 위에서 다시 책을 들다 ___ 194
동료상담사로 피어나다 ___ 202
마음의 길을 찾아서 ___ 211
국화꽃 피는 날을 기다리며 ___ 220
발길마다 깨달음이 ___ 229

5장_ 가슴에 사연을 묻고

그리움이 그리움을 녹이다 ___ 238
전문가로 다시 만난 주파수 ___ 251
그들과 함께한 계절들 ___ 261
곁을 지켜준 사람들 ___ 273
하늘로 띄우는 딸의 편지 ___ 286

닫는 글 ___ 292

/ 1장

아버지의 북녘하늘

아버지는 북녘하늘을 쳐다보며 울고 계셨다.
그 그리움이 내게 길이 되었다.

잊지 못할 한 장의 사진처럼

말이 없는 북녘하늘 무심히 바라보시고
자나 깨나 눈물짓던 아버지 우리 아버지
그 꿈을 이루고자 이 자식은 통일의 꽃 키웁니다
아버지가 써주신 고향 주소 약도는 소중히 간직하고 있지만
불러봐도 대답 없는 하늘 가신 아버지
이 불효를 용서하소서…

이 노랫말은 아버지를 그리워하며 내가 직접 지은 '아버지와 북녘하늘'의 가사다. 통일음반에 수록된 이 곡은 북녘하늘을 바라보며 눈물짓던 아버지를 향한 나의 간절한 헌사다. 노래를 부를 때마다 묵묵히 먼 하늘을 바라보시던 아버지의 뒷모습이 아련했다.

아버지의 고향은 함경북도 길주군이다. 200여 호가 살던 그

마을엔 70여 호가 신 씨 집안이었다. 지금은 행정구역이 많이 바뀌었지만 아버지와 함께 구글 지도로 고향의 자취를 확인하던 순간이 아직도 생생하다. "인공 때 그 길이 그대로구나, 변한 게 없어…" 아버지는 이미 수십 년 전에 남동생에게 고향 주소와 지도를 그려주셨다. 길주는 한 번도 아버지의 마음에서 떠나지 않은 영원한 고향이었다.

아버지는 부모님을 너무 일찍 여의셨다. 여섯 살에 아버지를, 아홉 살에 어머니를 잃었다. 할아버지 할머니는 운명처럼 같은 날 돌아가셔서 제사는 항상 한날에 올렸다. 아버지 형제는 2남 2녀였다. 위로 형과 누나 둘이 있고, 아버지는 막내였다. 동해초등학교를 졸업하고 중학교부터는 고향을 떠나 타지에서 공부를 하셨다. 청진 제1 고등학교에 입학해 3개월 뒤에 고향으로 돌아와 길주고등학교를 졸업하셨다. 수의사가 꿈이었던 아버지는 1948년 김일성종합대학에서 4개의 학부를 분리하여 세운 학교 중 하나인 사리원농업대학에 들어가셨다. 사리원농대는 6.25전쟁 이전 일제강점기에 원산에 있던 독일 수도원 터로 자리를 옮겨 현재의 원산농업대학교가 되었다.

큰아버지의 도움으로 학교에 다니셨다며 고마워하셨지만 어린 나이에 부모님이 얼마나 그립고 마음은 또 얼마나 허전하셨을까. 아버지는 부모님의 묘소가 유실되기 쉬운 곳에 있는 것이 언제나 마음에 걸린다고 하셨다. 가족과 헤어지는 생이별의 고통은 아버지의 원산농대 시절에 엄습했다. 1983년 중앙일보에서 발간한 한국전쟁의 증언 기록인 《민족의 증언》에는 아버지의 말씀이 나온다.

"원산농대에 다니던 어느 토요일이었다. '내일 아침 김일성이 중요한 연설을 한다'며 모두 집으로 돌아가라고 했다. 그게 바로 6.25전쟁이었다."

전쟁은 민족의 비극일 뿐 아니라 개인의 꿈도 무참히 짓밟았다. 아버지의 수의사 꿈도 그렇게 산산이 부서졌다. 민족의 비극은 곧 개인의 비극으로 이어진다. 아버지는 1.4후퇴 때 혈혈단신 남한으로 내려와 강원도에 '이방인의 터'를 잡았다. 아버지는 엄마와 부부의 연을 맺은 뒤에도 강원도 산골을 답답해하셨지만 조금이라도 고향과 가까운 곳에서 가족들과 만날 날을 손꼽아 기다리셨다. 아흔을 훌쩍 넘긴 친정엄마는 지금도 홀로 그곳에 계신다.

나는 어릴 적에 서울로 아버지를 따라 함경북도 도민회에 여러 번 왔었다. 그때는 실향민들 모임이 활성화되었다. 같은 면에서 오신 분들이 가족들과 함께 우이동 계곡에서 만나 살아가는 이야기를 나누고 북녘 고향도 회고하셨다. 당시 아버지 소학교 친구가 세 분 계셨는데 아버지는 그 친구분들 만나러 교통도 불편한 시절에 1년에 한 번씩 먼 서울에 오셨다.

아버지는 한마디로 '헛농사꾼'이었다. 무엇 하나 제대로 하시는 일이 없으셨다. 그러다 보니 농사일은 온전히 엄마가 떠안았다. 엄마가 산에 가서 나무를 해 놓으면 아버지는 우차를 끌고 가 싣고 오는 정도였다. 엄마가 일을 하시면 아버지는 옆에서 거들어 주는 조수 역할을 하셨다. 아버지는 땅을 일구는 솜씨는 서툴렀지만 자식들에게는 "땅을 딛고 살라"고 하셨다. 아버지에게 땅은 곧 근본이었다. 근본은 허한데 겉만 요란한 걸 싫어하셨다. 나도 그런 아버지 피를 절반쯤은 물려받았다.

아버지는 농사일보다 면사무소나 군청에 다니는 일이 더 많았다. 면사무소는 15리 길을 걸어가야 했고, 군청은 거기에서 다시 버스를 타야 갈 수 있었지만 자주 그곳을 다니셨다. 다섯 산골마을 아이들을 위한 초등학교를 설립하는 일에도 앞장서시는 등 학교 일에 정성을 쏟았다. 전근 오시거나 가시는 선생님들이 종종 우리 집에 들러 아버지에게 인사하는 것을 보곤 했다.

우리 속담에 '귀신 씻나락 까먹는 소리 한다'라는 말이 있다. 대개 이치에 닿지 않는 말을 할 때 쓰는데 내 어린 시절의 이야기다. 우리 형제들은 아버지께서 출타하시면 언제나 동네 어귀로 마중을 갔다. 아버지는 가끔 술 한잔하시고 어둑한 밤에야 집에 오셨다. 당시 우리가 기다리던 개울 건너편 산 밑엔 상엿집이 있었는데 그곳에서는 어른들의 웃음소리, 아이들의 울음소리가 들려왔다. 나는 너무도 무서워 머리를 숙이고 온몸을 웅크린 채 덜덜 떨었던 기억이 난다.

아버지는 평소 말씀이 없으셨다. 농민신문을 몇 번을 읽고 또 읽으셨고, 자식들에게 고향 이야기를 들려주시는 게 전부였다. 어렸을 때 두려운 건 자식들을 불러 모으는 아버지의 갑작스런 호출이었다. 술을 드시면 호출 빈도는 더 잦아졌다.

아버지는 우리를 앉혀놓고 북녘에 두고 온 부모·형제와 친척들 이름을 일러주시며 꼭 외워야 한다고 반복적으로 강조하셨다. 아버지 고향 주소를 외우는 것은 물론 할아버지 할머니 가족사까지 세세히 알아야 했다. 가끔은 시험까지 치렀으니 매를 맞으면 어쩌나 하고 지레 겁을 먹기도 했다. 아버지는 자식들에게 고향 이야기를 들려주는 것이 홀로 떠나온 자신의 죄를 조금이라도 씻는 것이라 생각하셨는지도 모른다. 겨울철 농한기(農閑期)는 아버지의 호출로 우리가 긴장을 더 해야 하는 시기였다. 호출된 자리에는 가느다란 회초리와 함께 가끔은 맛있는 엿과 사탕이 있었다.

하늘나라에 계신 아버지에게 엄마가 아직도 고마워하는 게 있다. 딸 여섯을 낳았는데도 한 번도 엄마를 탓하지 않으셨단다. 지금 시절로 치면 그게 어디 엄마 탓이겠냐마는 당시만 해도 남아선호가 심했고 아들을 낳지 못하면 여자 탓으로 돌리던, 요즘 젊은 세대들에겐 호랑이 담배 피우던 시절이었다. 혈혈단신 남으로 내려온 아버지이니 아들을 바라는 마음이야 오죽했으랴.

엄마에게는 시댁이 없다. 외할머니는 면 소재지에 살고 계셨는데 우리 집에 자주 오셨다. 이모도 가끔 와서 엄마 일을 거들어 주었다. 어느 날 이모 왈, "언니(친정엄마)가 내리 딸 다섯을 낳고 아들을 낳았는데 너무 좋아서 물 한 동이 가지고 걸레를 빨고 다시 또 우물로 물을 길으러 갔지. 누가 물으면 '우리 언니 아들 낳았어요'라고 자랑하고 싶어서."

내력인지 몰라도 우리 집안은 딸이 많다. 원래 2남 6녀였는데 첫딸이 여섯 살에 하늘로 가 내가 셋째 딸이 된 셈이다. 그래도 딸이라고 구박은 받지 않고 살았다. 피붙이와 떨어져 외롭게 사신 아버지는 아들딸이 모두 귀하니 사랑을 두루 나누어 주셨다.

살다 보면 운명의 순간이 있다. 내게 그 순간은 '아버지의 눈물'이었다. 북한에 큰아버지가 계셔서 우리 집은 제사나 차례를 지내지 않았다. 명절이 되면 우리끼리 떡이나 두부, 부침을 해 먹는 정도였다.

초등학교 1학년 때였다. 설날 아침이었는데 엄마는 밥때가 되어도 아버지가 안 보인다며 찾아보라고 했다. 외양간, 마당 끝에 있는 화장실, 집 앞에 있는 둔덕 등 아버지가 가실 만한 곳은 다 둘러봤지만 아버지 모습은 보이지 않았다. 집으로 돌아와 집 뒤란(뒤뜰)에 가보니 아버지가 거기에 계셨다. "아버지, 엄마가 아침 잡수시래요" 아버지는 아무런 반응도 없이 그냥 하늘만 쳐다보고 계셨다. 뒷짐을 지고 북녘하늘을 올려다보며 울고 계셨다. 당시 내 나이 여덟 살이니 아버지 눈물의 의미를 헤아리기에는 너무 어렸다. 하지만 왠지 모를 슬픔이 어린 가슴에도 흠뻑 스며들었다. 그때 아버지의 모습은 평생 내게 잊히지 않는 한 장의 사진처럼 남아 있다. 그 모습은 지금까지 통일의 길을 걸어오게 한 강력한 원동력이 되고 있다.

 이 동력은 나이가 들면서 나의 가슴을 뜨겁게 했고, 절로 꿈이 하나 생겼다. 그건 아버지의 손을 잡고 길주로 가는 것이었다. 그게 곧 효도라고 생각했다. 아버지의 꿈이 곧 자식의 꿈이라고 생각했다. 나는 평양과 개성, 금강산을 다녀왔다. 금강산에 갈 때 모시고 가려고 했지만 아버지는 말끝을 흐렸다. "난 대학 때 다녀왔어. 고향 길주에 가야지, 그까짓 산에나 가면 뭐해." 아버지의 가슴에는 피붙이가 있는 오직 길주뿐이었다. 이제는 길주에 가도 아버지의 위패를 모시고 가야 한다.

아버지에게는 수양부모가 계셨다. 젊고 똑똑한 젊은이가 북한에서 혼자 내려와 사는 것을 유심히 살펴보시던 산 너머 만석꾼 최순조 어르신께서 아버지를 양아들로 삼으셨다. 나는 1년에 한 번 정도 양할아버지 댁에 갔는데 그날은 배부르게 쌀밥을 먹는 날이었다. 그 집에는 큰 배나무가 세 그루 있었는데 할머니는 "얘들아, 맘껏 따 먹어라" 하셨고, 우리는 평소 먹지 못한 배를 원 없이 먹었다. 당시에는 차가 없어 걸어서 산을 넘어야 하는데 그 산에는 특수군부대가 있어 민간인 출입이 쉽지 않아 숨을 죽이며 오갔다. 산을 돌아가려면 두어 배는 시간이 더 걸렸다. 할아버지 댁에 제사나 큰일이 있으면 흰 한복을 입은 할머니가 큰 함지박에 이것저것 먹을 것을 담아 그 먼 길을 이고 오셨다. 아직도 그 모습이 영화처럼 생생하다. 그날은 온 집이 쌀밥과 함께 평소 먹어보지 못한 사탕과 음식을 먹는 날이었다.

북한에서 수의학을 전공한 한 여성을 상담한 적이 있다. 놀랍게도 그녀의 고향은 아버지와 같은 길주였고 먼 친척뻘까지 되었다. 아버지가 꿈꾸던 수의학에 고향까지 같다니 우연치고는 운명같은 우연이었다. 하늘로 가실 날이 머지않은 아버지께 고향 소식을 전해 드리고 싶은 마음에 그녀를 데리고 병원으로 갔다. 아버지는 그녀와 만난 뒤 며칠간 식사를 아예 하지 않으셨다. 고향에 대한 그리움이 얼마나 가슴에 사무쳤으면 식사조차 못 하셨을까. 아버지를 간병하던 여동생이 내게 화를 냈다. 지금도 그때를 생각하면 가슴이 아프다.

아버지가 세상을 떠나시기 3일 전쯤이었을까. 나 스스로도 믿기 어려운 장면을 목격했다. 혼수상태로 침대에 누워 계시던 80세 아버지가 갑자기 상반신을 일으키며 '엄마'를 몇 차례 외치셨다. 지금 생각해도 이해하기 어려운 불가사의한 일이었다. 하늘에 계신 할머니께서 아들을 데리러 오신 것이 아닐까. 하늘로 가는 삶과 죽음의 길목에서 모자가 만나 부둥켜안은 것은 아닐까. 할머니를 보고 싶어 하는 아버지의 마지막 외침이 아직도 귓가에 생생하다.

이별은 노크 없이 온다고 했는데 아버지와의 헤어짐도 그랬다. 퇴근을 준비하는데 남동생한테서 전화가 왔다.

"야, 너 지금 어디야? 빨리 병원으로 와."

"뭐야, 나 누나야. 아버지에게 무슨 일이 있니?"

장남인 남동생이 막내 남동생에게 전화한다는 게 나한테 한 것이었다. 나는 급히 신촌 세브란스병원으로 향했다. '아, 아버지께서 가시는 날이구나!'라는 생각에 신호등도 눈에 잘 들어오지 않았다. 광화문에서 신촌으로 향하는 좌회전 신호를 기다리는데 또 벨이 울렸다. 아버지를 간병하던 여동생의 목소리는 다급했다.

"언니, 빨리 병원으로 와."

아버지와의 마지막 인사를 준비할 시간이 다급히 다가오고 있었다. 그토록 간절히 그리던 길주 땅은 밟아보지 못하고 북녘하늘을 바라보며 눈물짓던 아버지가 가신다고 생각하니 하염없이 눈물이 흘렀다.

병원에 도착하니 아버지는 보이지 않았다. 순간, 나도 모르게 가슴을 움켜쥐었다. 옆에 있던 사람들이 처치실로 가보라고 했다. 작은 방으로 들어서니 그곳에는 동생과 언니, 형부가 있었다. 산소호흡기를 쓰고 계신 아버지는 의식이 없는 듯했다. 그래프 움직임이 요란한 기계 앞에 서 있는 간호사가 혼잣말처럼 내뱉었다. '이 할아버지 돌아가실 때가 지났는데….'

난 아버지에게 달려가 큰 목소리로 울면서 약속했다.

"아버지, 아무 걱정 말고 편히 가세요. 제가 북한에 있는 사촌들 다 모시고 와 잘 살게 해줄게요. 그리고 통일되면 할아버지 할머니 산소도 안전한 곳으로 이장해 드릴게요…."

'딸의 약속'을 들으신 아버지는 왼쪽 뺨으로 눈물을 흘리시며 깊은 영면에 드셨다. 생각해보면 남동생의 실수 전화는 아버지의 뜻이었다. 7남매 중 통일운동을 하고 있는 딸에게 유언을 남기고 싶으셔서 동생 폰을 빌려 전화를 하신 것이다. 동생이 내게 실수로 전화하지 않았다면 아버지의 임종을 지키지 못하고 아버지에게 바치는 '딸의 약속'도 전하지 못했을 것이다.

  나는 꽤 뚝심은 있는 편이다. 누가 뭐래도 나의 길을 가고 누가 뭐래도 아버지와의 약속을 지키고 싶은 딸이다. 아버지의 눈물을 보며 걸어가야 할 길을 결심하고, 아버지 마지막 가는 길에 굳게 맹세했으니 초심을 잃지 않고 그 약속을 꼭 지켜낼 것이다. 오늘도 나는 아버지의 그 눈물을 기억하며 통일이라는 이름의 꽃 한 송이를 피워낸다.

한 권의 책, 한 사람의 길

 운명은 뜻하지 않게 다가와 길을 안내해 준다. 언제, 어떤 형태로 다가올지 모르는 게 운명이다. 마음속에는 아버지와의 약속을 늘 품고 다녔지만 처음부터 약속한 길을 걷지는 못했다. 하지만 중견기업에서 소비자 상담을 하면서도 통일에 대한 생각이 떠나지 않아 관련 책들을 부지런히 읽었다. 그러던 어느 날 책 한 권이 운명처럼 다가왔다.

 1989년 봄, 광화문 교보문고에서 책들 사이를 거닐다 한 제목 앞에서 발걸음이 멈췄다. 홍사덕의 《나의 꿈 나의 도전》, 통일에 관한 책이었다. 순간, 깊이 가라앉아 있던 꿈이 수면 위로 떠오르기 시작했다. 운명처럼 다가온 그 책은 잊고 지내던 길을 다시 걷게 만드는 신호였다.

 나는 바로 책 뒤에 첨부된 회원카드를 작성해 우편으로 보냈고, 새조위(새롭고 하나된 조국을 위한 모임) 회원이 되었다. 처음의 새조위는 독자들의 모임이었다. 5천여 명에 달하는 회원들이 연령별 직능별로 모여 강의를 듣고 통일에 대한 이야기를 나누었다.

나는 새조위 전반기에 여성국장과 부회장을 맡아 비상근으로 일하였고, 2003년부터 상근하면서 탈북민들의 적응을 돕는 데 힘을 보탰다. 1980년대 말에는 통일이라는 말을 자유롭게 꺼내기도 힘든 분위기였다. 새조위 초창기에는 우리 주변에 사법경찰이 있다는 이야기도 여기저기서 나돌았다. 88서울올림픽은 그런 사회적 분위기를 변화시키는 데 크게 기여했다.

소련이 해체되고 독일이 통일되면서 오랜 기간 유지되었던 냉전체제가 해소되었다. 한국 정부의 공산권 및 미수교 국가를 대상으로 한 외교활동도 더욱 활발히 전개되었다. 이런 측면에서 서울올림픽은 통일에 대한 관심을 한 단계 높이는 계기가 되었다.

나를 바꾸는 건 세 가지라고 했다. 자주 만나는 사람, 주로 읽는 책, 주로 하는 생각이 바로 그것이다. 내 길을 가게 해준 사람은 바로 홍사덕 설립자였다.

"다른 시민단체들처럼 일하십시오."

설립자가 내게 늘 주문했던 말이다. 통일 관련 단체라는 무게에 짓눌리지 말고 편하게 일하라는 격려였지만 항상 새조위의 명예를 생각하며 처신했다. 새조위의 설립 취지에 조금이라도 어긋나지 않을까 조심조심했다. 나는 '소금의 역할'을 하고 싶었다. 화려하게 드러내지 않고, 시류에 편승하지 않고, 지나치게 모나지 않으면서 사회에 필요한 소금이 되고 싶었다. 밖으로 나가지도 말고, 목청을 키우지도 말자고 스스로 다짐했다. 적극적인 활동을 통해 사회를 바꾸는 것도 시민단체의 역할이지만 나는 조용히 문제 해결에 도움을 주는 게 더 중요하다고 판단했다.

돌이켜보면 목소리를 키우고 깃발을 흔들었다면 다이내믹한 한국사회에서 '시민단체 37년'이 지속되기 어려웠을지도 모른다. 나는 "요만큼인 줄 알고 왔더니 이만큼 일하는 곳이 새조위네요"라는 말을 들을 때가 가장 기분이 좋다. 탈정치, 탈종교는 새조위가 지향하는 가치 중 하나이다.

"판단하지 말아라. 그 판단은 경험에서 나오는 기억일 뿐이다. 그러니 남을 보는 것도 나의 생각에 비치는 거울일 뿐이다. 생각이 곧 자신의 삶이다." 탈북민 코칭 시간에 늘 강조하는 말이다.

설립자가 정치인이다 보니 본의 아니게 어려움도 많았다. 새조위를 한 번도 들여다보지 않고 제멋대로 평가하고, 근거도 없이 비판하는 일도 많았다. 설립자는 그런 시선에 일일이 날카로운 눈빛을 보내지 말라고 했다. 속상한 일이 있을 때마다 억울하다고 하면 "내가 살아보니 지난 일은 말하는 게 아닙디다"라고 했다. 세상을 바라보는 설립자의 시야는 내가 상상하지 못할 정도로 넓고 깊었다. 경험의 깊이에서 우러나는 사물에 대한 통찰력도 남달랐는데 그건 엄청난 독서와 사색이 어우러진 덕이 아닌가 생각된다.

설립자는 어려운 사람을 그냥 지나치지 않았다. 누군가가 무엇을 주고 가면 그것이 필요한 다른 사람에게 곧바로 돌려주었다. 자신을 위해서는 무엇 하나 어디에도 쌓아두지 않았다. 1997년 외환위기로 우리나라는 경제 시스템이 붕괴되고 실낱같은 희망조차 보이지 않는 암담한 사회가 되었다. 공장들은 문을 닫고 실업자와 노숙자들이 거리로 쏟아져 나왔다. 회상하고 싶지 않은 IMF 시절이었다. 노숙자들로 가득한 서울역을 다녀온 설립자의 말이 다급했다.

"버스를 개조해 아침밥이라도 제공합시다. 그냥 방치하면 어떤 일이 일어날지 모릅니다. 우리가 마음을 모아 작은 일이라도 합시다."

밥과 국수는 현장에서 조리가 힘드니 아침이지만 컵라면을 제공하기로 했다. 첫날, 서부역 푸드버스 앞에는 150명 정도가 줄을 섰는데 남성들이 대부분이었다. 그러나 날이 갈수록 아이들 손을 잡고 오는 여성들도 크게 늘어나 중단할 즈음에는 1천여 명이 되었다. 아침식사 준비를 위해 새벽에 자유로를 달리며 '어떻게 하다가 우리나라가 이 지경이 되었을까' 하는 생각에 눈물도 많이 흘렸다. 컵라면인 아침조차도 자금지원을 호소할 데가 없어 40여 일 만에 중단했다.

탈북민 사업을 하면서 생긴 새조위의 전통이 있다. 그건 점심때 오는 모든 분들에게 식사를 대접하는 것이다. "다른 것은 몰라도 사무실에 오는 사람들 점심은 대접합시다. 배고파 온 사람들인데 모른 체 외면해서야 되겠습니까." 새조위는 20년 넘게 설립자의 이 말을 지켜오고 있다.

한번은 보안계 경찰 두 명이 사무실로 찾아왔다. 새조위가 탈북민을 돕는 단체이니 가끔 기관 분들이 오는 것은 생소하지 않았다. 하지만 이번 건은 뜬금없었다. 내가 평양 다녀온 사진과 글을 블로그에 올렸는데 그것을 내려달라는 것이었다. 순간 무엇이 잘못되었지 하는 생각이 들었다. '평양에 다녀온 사진들은 이미 인터넷에 수없이 떠돌고 올린 글도 언론에 나온 자료 정도인데….' 화가 치밀어 오르는데 갑자기 설립자의 말씀이 떠올랐다. "공무원들은 다치게 하는 게 아닙니다." 화를 가슴속으로 삭이고 공무로 왔으니 일단 생각해보겠다고 했다. 한데 갑자기 종이를 내밀며 '확약서'를 써달라는 말에 내 언성도 다시 높아졌다. 얼마 후 기자인 후배와 점심을 먹으며 가볍게 그 이야기를 했는데 그것이 기사화되었고, 본청에서 해명전화까지 왔다. 내 인격 수양이 설립자에 닿으려면 아직도 턱없이 부족함을 느낀다.

2001년 새조위는 통일운동을 제대로 하자는 취지로 통일부 소속 사단법인이 되었다. 통일교육원 박갑수 교수에게 조언을 구해 '북한이탈주민적응지원센터'를 2003년에 만들어 본격적으로 탈북민들을 돕기 시작했다.

내겐 태산 같은 설립자가 돌아가신 지 올해로 5년째다. 설립자는 내가 꿈꾸던 길을 걷게 해주었고, 세상을 헤쳐 나가는 지혜를 일러주셨다. 설립자에게 진 빚이 크다. 하늘에 계시니 이승에서 갚을 방도는 없고, 내 뒤를 따라오는 누군가에게 설립자 같은 훌륭한 멘토가 되어 받은 은혜를 돌려줘야겠다.

통일을 노래하는 가수

　삶은 원하는 길로만 가지 않는다. 때로는 벽 앞에서 주춤하며 뒷걸음질도 친다. 하지만 꿈꾸고 바라며 거기에 재능까지 얹어지면 조금씩 그 방향으로 발걸음이 닿는다. 인생길을 걷다 보면 누군가 예상치 못한 선물을 준다. 그런 선물이 삶의 길목마다 기다리고 있기에 우리는 오늘도 희망을 품고 걸어간다.

　피는 못 속이나 보다. 친정집 식구들은 엄마를 닮아서인지 노래를 아주 잘한다. 조카들도 작곡가, 가수, 첼리스트 등 음악가들이 많다. 초등학교 시절 방과 후에 나는 선생님의 풍금 반주에 맞춰 노래 연습을 했다. 학교 행사 때 강당에서 노래를 부르고 대회에 나가기도 했다.

　강원도 산골 우리 동네는 1970년대 후반이 되어서야 전기가 들어왔다. 당시 우리가 산골 밖 소식을 듣는 유일한 통로는 라디오였다. 우리 가족은 연속극에 온통 귀를 기울였는데 나는 연속극보다 노래가 더 좋았다.

그 시절 동네 어르신의 회갑이나 경사스런 일이 있으면 마을 사람들이 마당에 모여 장구치고 춤추며 노래를 불렀다. 한 집안의 경사가 곧 동네의 축제가 되던 시절이었다. 울 엄마는 그런 자리에서 언제나 장구치고 노래 부르는 주인공이었다. 목소리가 신카나리아처럼 청아하고 카랑카랑했으며 노래 솜씨는 동네에서 일품이었다. 그 피를 내가 고스란히 물려받았다. 특히 어린 나이에 이미자를 좋아했고, 지금도 많은 곡을 가사도 보지 않고 부른다.

아버지는 그런 딸의 영원한 지지자였다. 어느 날인가 부엌에서 밥상을 들고 가려는데 방에서 아버지가 "미녀야, 이미자 나온다"라고 하셨다. 밥상을 그대로 부엌에 놓아두고 방으로 달려가 이미자 노래를 듣고 따라 불렀다.

재수할 때 노래에 얽힌 에피소드가 하나 있다. 당시 명성이 자자하던 김영로 선생님의 영어시간이었다. 나는 늘 맨 앞자리에서 강의를 들었는데 어느 날 선생님이 갑자기 나를 지목했다.

"학생, 노래 잘할 것 같은데 한번 불러보지?"

순간 당황스러웠다. 하지만 학생들의 박수가 터져 나왔고,

서울 아이들 앞에서 기죽을 수는 없었다. 나는 당당히 일어나 평소 자주 부르던 이미자의 '동백 아가씨'를 불렀다. 학생들이 책상을 치고 웃으며 난리가 났다. 당시 팝송이 유행했고 청춘들이 잘 부르는 대중가요가 수두룩한데, 중년의 가슴을 파고드는 이미자 노래를 그것도 영어시간에 불러댔으니 웃음바다가 될 만했다. 그래도 선생님께서는 노래 잘한다고 칭찬을 아끼지 않으셨다.

'꿈은 반드시 이루어지고 말이 곧 기도다'라는 말을 나는 신앙처럼 믿는다. 아침마다 일어나면 양치질한 뒤 거울을 보며 내가 원하는 것을 말한다. 수십 년 된 나의 아침 루틴이다. 중학교 방학 때 서울 언니네 집에 놀러갔다. 언니에게 물어 KBS를 찾아갔다. 경비 아저씨가 어떻게 왔냐고 묻기에 주저하지 않고 "가수가 되고 싶어 왔어요"라고 했다. 지금 생각해도 참 좋은 아저씨였다. 아저씨는 연속극 세트장 이곳저곳을 구경시켜 주시더니 "학생, 이제 집에 가서 열심히 공부해라" 하셨다. 그날은 가수의 꿈이 멈춘 날이 아니라, 내가 가수의 씨앗을 심고 온 날이었다. 세월이 흘러 그 씨앗은 우연한 기회를 만나 싹을 틔웠다.

몇십 년이 흘렀을까. 내가 사는 아파트에 작곡가 서승일 선생님이 이사를 오셨다. 서승일 선생님은 태진아의 '사모곡' 외

'보내는 마음', '바람 불어도', '삼백초' 등 수많은 히트곡을 만드신 분이다. 하루는 아파트 단지 내 여성 사우나에서 어느 분이 내게 "○○동에 살지 않느냐?" 하고 물었다. 대부분의 활동을 서울에서 하는 터라 주민들과는 교류가 없었는데 어찌 아는지 궁금해 여쭈었다. 이사 와서 첫 반상회에 참석했는데 그때 의견을 내는 내 모습이 인상에 남아 기억하고 있다고 했다. 그분이 바로 서승일 선생님의 부인이었다.

사모님은 고향이 춘천이고 소싯적 가수 활동을 하다 선생님을 만났다고 한다. 우리는 8살 차이지만 동네에서 남들이 부러워하는 친구가 되었다.

2005년부터 연말에 대방동 서울여성플라자에서 탈북민들을 초청해 식사하고 노래자랑도 하는 자리에 서승일 선생님을 심사위원으로 모셨다. 어느 날 사모님이 내게 말했다. "신 대표에게 통일노래 좀 작곡해 주라고 정희 아빠에게 부탁했어." 심장이 멈출 만큼 기뻤다. 나는 남녀 한 곡씩 부탁했고, 노래가 나왔다. 남자 노래를 부탁한 건 설립자를 마음에 두어서였다. 통일 노래이니 설립자께서 부르면 의미가 더 크겠다고 생각했다. 하지만 설립자는 손사래를 쳤다.

노래 솜씨가 프로급인 서강대 김영수 교수가 떠올랐다. 두 번째 연습실에 가는 날, 친정오라버니처럼 여기는 김영수 교수에게 전화해 함께 갈 곳이 있으니 일단 내 차에 타시라고 했다. 김영수 교수도 노래자랑 심사위원이어서 서승일 선생님과는 안면이 있는 사이였다. 나중에 안 일이지만 김 교수님의 어머님 박명숙 어르신은 1947년 가을, 서울시 국민학생 대상 오디션을 거쳐 수성국민학교 소속으로 어린이노래회 창단멤버셨다. 당시 지휘자인 안병원 선생님의 아버지가 만든 '우리의 소원은 독립'이란 노래를 명동 국립극장에서 부르셨다고 한다. 그런데 이 노래가 나중에 노랫말이 바뀌고 곡조도 조금 달라진 '우리의 소원'이란 노래로 불렸단다. 교수님 집이나 우리 집이나 노래의 DNA가 대대로 흐르나 보다.

교수님의 노래를 들어보신 선생님께서 우리에게 힘을 넣어 주셨다.

"아주 잘하시네요. 제가 나머지 곡도 잘 만들어 보겠습니다."

우리는 강남에 있는 선생님 사무실에서 시간 날 때마다 열심히 연습했다. 무엇보다 노래로 통일운동을 한다는 생각에 마음이 뿌듯했다. 기성 가수들도 노래 하나 받는 데 수년이 걸린다는데 우리는 무려 9곡을 받는 행운을 얻었다. 이 또한 신이 내려준 축복이었다. 노래 취입을 위해 필요한 편곡은 김용창 교수가, 음반 제작은 방송인이자 가수인 박해상 마포 FM 엔터

테인먼트 대표가 맡아주었다. 음반 취입을 위해 막바지 노래 연습에 한창일 때 서승일 선생님의 병세가 깊다는 소식을 들었다. 급한 마음에 모든 일정을 서둘러 생전에 음반을 선생님께 드릴 수 있었다. 음정이 틀려도 화 한번 내지 않으시고 인자하신 모습으로 지도하시던 선생님의 모습이 떠오른다. 늘 감사한 마음이다.

통일음반에는 탈북민을 위한 노래도 있다. '꿈에라도 다시 한번'이라는 곡으로 이찬석 선생님이 노랫말을 쓰셨는데 구구절절 가족을 그리는 마음이 애절하다.

그리워도 서러워도 모질게 참았습니다
가슴 깊이 심어둔 정 남몰래 간직한 채로
바람을 따라 강물을 따라 세월은 쏜살같이 흘러가는데
눈물보다 진한 정 안고 나는 어이 못가는가
꿈에라도 다시 한번 부모형제 만날 수는 있겠지

김영수 교수는 한 언론사와의 인터뷰에서 "남북한 주민이 함께 부를 만한 노래가 없다는 점이 아쉬웠다. 통일 공감대를 형성하는 데는 노래만큼 좋은 게 없다"라고 했다. 이 노래들이 노래방 기기에 들어가지 못한 아쉬움은 아직도 크다.

구름도 바람따라 저 산을 넘어가고
철새도 한가로이 휴전선을 넘나드는데
나는 왜 갈 수 없나 그 고운 산천…

김 교수가 부른 '휴전선'의 한 부분이다.

2014년 12월 29일 서강대학교 다산관에서 '신미녀와 김영수의 통일 이야기'라는 주제로 통일음반 발표회를 가졌다. 류길재 통일부 장관은 축사에서 "우리는 통일을 두려워할 것이 아니라 즐거운 마음으로 준비해야 한다"고 했다.

이렇게 '가수 아닌 가수'가 되었다. 통일음반 덕분에 광화문 통일광장, 제주도, 광명동굴 등에서 노래를 불렀다. 또한 KBS 한민족방송 특집 콘서트 '보고 싶은 얼굴 그리운 목소리, 백령도에서 띄웁니다'를 시작으로 강화도, 연천, 중국 흑룡강성 등지에서 열린 특집 무대에 일곱 번이나 통일가수로 출연했다. 열세 번의 공연 중 KBS 이제원 국장의 배려로 중국 흑룡강성 하얼빈에 두 번이나 가서 동포들 앞에서 공연한 것은 내겐 큰 영광이었다.

지금 생각해도 꿈같은 일이다. 하늘의 도움 없이는 불가능한 일이다. 강원도 산골 어린 소녀의 꿈은 30년이 지나서 활짝 꽃을 피웠다. 나는 꿈을 품고 살아왔지만 노래로 통일운동을 할 줄은 몰랐다. 어쩌면 북녘하늘을 그리워하시던 아버지께서 통일의 꿈을 노래로 불러달라고 딸에게 재능을 심어주셨는지도 모른다. 남북이 껄껄 웃으며 통일을 노래하라고 하늘이 내게 기회를 주었는지도 모른다. 나는 오늘도 평양의 무대에서 통일노래 부를 날을 꿈꾼다.

그리움 너머 평양에 가다

꿈을 오래 꾸면 현실이 되고 간절히 그리워하면 결국 거기에 닿는다고 했다. 북한학을 공부하면서 아버지의 고향 북녘땅을 밟아보고 싶은 마음이 컸다. 탈북민들을 만나면서 그들이 살아온 휴전선 너머의 풍경은 어떠한지 궁금했는데 드디어 평양에 가는 기회가 생겼다.

남한 단체의 지원으로 평양에 정성수액공장이 세워졌다. 운 좋게도 이화여대 최대석 교수님의 배려로 준공식에 참석할 기회가 생겼다. 초대 소식을 접했을 때 '지성이면 감천'이라는 속담이 떠올랐다. 어릴 적 아버지의 한을 풀어드리는 것이 자식의 도리라고 생각하며 살아왔기에 뒤늦게 북한학을 공부한 내겐 평양을 방문할 기회가 아버지가 딸에게 주신 선물처럼 느껴졌다. 그 소식을 들은 아버지는 별다른 말씀 없이 조용히 계셨고. 어머니는 몸조심해서 다녀오라고 당부하셨다. 북한에 가면 아무 말도 하지 말고 조용히 남들을 따르라고 거듭 말씀하셨다. 정성수액공장 준공식에는 정부 측 인사, 기업인, 북한 전문가 등 300여 명이 참석했다.

2005년 6월, 나는 설렘 반 두려움 반으로 짐을 챙겨 인천국제공항에 도착했다. 당시 인천에서 평양 가는 직항 특별기가 우리를 태웠다. 오후 2시 15분. 비행기는 북쪽 창공으로 향했고, 얼마 지나지 않아 북한 영공으로 진입한다는 기장의 목소리가 들려왔다. 아버지가 눈시울을 붉히시며 그리도 그리워하시던 북녘땅. '북한 영공'이란 말에 가슴이 뭉클했다. 아, 아버지의 고향에 드디어 내가 왔구나!

평양은 과연 어떤 모습일까. 평양 사람들은 어떻게 살고 있을까. 호기심이 차오르면서도 철저히 반공교육을 받은 세대인 터라 마음 한쪽은 복잡했다. 하지만 그것도 잠시, 승무원들의 음료 서비스를 받는가 싶었는데 곧 순안공항에 도착한다는 안내방송이 들렸다. 그 먼 거리가 이리도 짧았던 말인가. 순간 만감이 교차했다.

기내에서 내려다본 북한의 산은 속살이 뻘겋게 드러난 민둥산이었다. 국민학교 시절 식목일날 산에 나무를 심던 추억이 슬쩍 스쳐 갔다. 구릉지 정도의 산은 밭으로 변해 곡식들이 심어져 있고, 작은 마을들이 옹기종기 모여 있었다. 내가 만나본 탈북민 중 누군가가 저기에서 살았을지 모른다는 생각에 눈시울이 붉어졌다. 내게 가슴을 울리는 감정 코드는 '탈북민'이다. 창가에 앉은 사람들은 북녘 산하를 카메라에 담았지만 나는 그 풍경들을 가슴에 담았다.

인천공항을 떠난 지 55분 만에 평양 순안공항에 도착했다. 트랩을 내려 처음으로 북한 땅을 밟은 소회는 지금도 남다른 기억이다. 공항청사에서 김일성의 대형 사진을 마주하니 비로소 여기가 북한이라는 실감이 났다. 평양으로 들어가는 관문이자 국제공항인 순안공항은 생각보다 너무 초라해 보였다. 국제공항인데도 외국적 비행기는 볼 수 없고, 고려항공기 몇 대와 우리가 타고 간 한국 국적기 한 대가 전부였다. 마치 한적한 시골공항 분위기였다.

우리 일행은 북한 측에서 나온 기자의 요청에 따라 기념촬영을 하고 청사를 빠져나와 평양으로 들어가는 버스를 탔다. 북한 안내요원들은 우리를 버스에 태우는 등 부산하게 움직였고, 날씨는 서울보다 더 더웠다.

처음에는 북한 땅을 밟는다는 생각에 흥분도 되었지만 공항을 나오면서 마음이 차분해졌다. 북한 측 안내원 세 명이 동승한 뒤 버스가 출발했다. 안내원 한 명은 자신을 소개한 뒤 우리를 환영한다면서도 "버스 내에서는 절대 밖의 풍경을 촬영하지 말라"고 주의를 주었다. 버스 안뿐만이 아니었다. 북한은 여기저기가 사진 촬영 금지 구역이었다. 친정엄마의 당부를 상기하면서, 방북단에 혹시라도 누가 되지 않으려고 조심한 탓에 북한의 생활상을 카메라에 많이 담아오지 못한 것이 아쉽다.

평양으로 가는 길에는 간간이 농촌의 풍경이 눈에 띄었다. 드문드문 농민들이 모내기하는 모습은 보기 정겨웠다. 남이나 북이나 농촌 풍경은 고즈넉하고 포근했다. 회색빛을 한 4층 농촌문화주택이 길게 늘어섰고 길가에는 차들이 거의 없었다.

30분가량을 달려 드디어 평양 시내에 도착했다. 안내원은 호텔로 가지 않고 바로 만경대로 간다고 했다. 북한은 남한사람들이 방문하면 최고 지도자들에 관련된 곳을 보여준다. 김일성 생가인 만경대에 도착하자 흰색 저고리에 검은색 치마를 입은 여성 안내원들이 정문에서 기다리고 있었다. 그들의 안내를 받으며 안으로 들어갔다. 만경대 하면 2001년 8.15평양축전 방북단 사건이 떠오른다. 당시 남한의 어느 교수가 '만경대 정신 이어받아 통일위업 이룩하자'라는 문구를 써서 논란을 일으키기도 했다. 생가 옆에서는 긴 책상 두세 개를 이어놓은 간이 매대에서 기념주화, 수예품, 그림, 만경대 사진 등을 팔고 있었다.

눈길을 끄는 것은 1달러에 4개 하는 북한의 아이스크림이었다. 여성 판매원들은 우리가 물어보는 말에 적극적으로 대답하며 물건 구매를 유도했다. 그들이 신성시하는 곳에서 이런 것들을 팔다니 조금 신기하기도 했다.

정성수액공장 가는 길에 조국통일 3대헌장 기념탑이 보였다. 2001년 준공된 이 기념탑은 락랑구역 통일거리 입구에 있다. 도로 양쪽에서 남과 북 여인들이 한반도 지도를 높이 쳐들고 있는 모습이다. 높이는 30m이며 가로는 6.15 남북공동선언을 상징해 61.5m이다. 이 탑은 북한 당국이 2023년 말 남북 관계를 '적대적인 두 국가'로 규정하며 통일 흔적을 지우는 과정에서 2024년 철거했다.

준공식 행사를 무사히 마치고 오후에 1989년 세워진 만경대학생소년궁전을 방문했다. 안내원은 소년궁전이 방과 후 학생들이 자신의 취미와 특기에 맞는 것을 선택해 공부하는 곳이라고 소개했다. 이곳에서 선생님으로 일하는 안내자를 따라 각각의 방을 둘러보니 북한 어린이들이 피아노, 아코디언, 체조, 수영 등 다양한 것을 배우고 있었다. 피아노를 배우는 4살 어린이의 교본이 낡아 해진 것이 마음이 쓰였다.

평양 방문 3일째, 고구려 시조 동명왕의 무덤을 찾았다. 평양 중심부에서 동남쪽으로 20여 km 떨어진 곳에 자리한 동명왕릉은 비교적 잘 보존되어 있었다. 김일성종합대학 역사과를 졸업했다는 안내원이 왕릉에 관한 설명을 막힘없이 들려주었다. 동명왕릉 뒤편에는 온달과 평강공주의 묘가 있었다. 안내원은 왕릉 주변의 소나무가 모두 제주도에서 가져온 것이라며 잘 자라도록 거름까지 준다고 설명했다.

묘향산은 평양에서 버스로 2시간 정도 거리였다. 묘향산 가는 길에는 차들이 거의 없었다. 남한에서라면 있을 법한 휴게소도 없어 버스를 길가에 세우고 들에서 급한 일을 보는 해프닝도 있었다. 묘향산호텔에 도착해서는 먹기 어렵다는 칠색송어 요리를 맛보았다. 묘향산에는 김일성과 김정은이 여러 나라에서 받은 선물을 전시한 국제친선전람관이 있었다. 그곳에 들어서자 김일성의 밀랍인형이 사람보다 크게 서 있었고 남한에서 받은 선물도 전시돼 있었다. 송홧가루가 항산화 성분이 있고 면역력 증진에 좋다는 말에 혹해 묘향산 매점에서 세 봉지를 구매했다.

북한에 다녀온 사람들이 자랑하는 그 유명한 옥류관에도 갔다. 온면과 냉면, 고기쟁반국수 등을 다양하게 먹었는데 긴장한 탓인지 정작 맛은 잘 몰랐다. 담백하고 양념이 우리보다 약했다는 생각은 들었다. 옆에서 함께 식사한 북한 안내원은 나와 동갑이었다. 자신도 신 씨라고 하면서 평양에서는 신 씨들이 법조계에 많다고 한 말이 기억에 남는다. 우리가 점심을 먹고 나올 즈음에는 점심시간이 훨씬 지났는데 옥류관 안마당 한쪽 끝에 수십 명의 사람들이 대기하고 있었다. 남북한이 함께 어울려 식사하지 못하는 현실이 마음 아팠다.

3박 4일의 평양 방문은 나에게 특별한 선물이었다. 아버지가 평생 그리워하던 북녘땅을 밟은 것은 진한 감동이었다. 하지만 가로등이 꺼진 어둑한 밤거리에서 차를 기다리던 평양 사람들의 모습이 자꾸 눈에 밟혔다. 휴전선 하나 그어졌을 뿐인데, 서울과 평양이 이토록 다를 수 있다니. 체제가 사람의 삶을 이렇게까지 바꿔놓는구나 싶어 가슴이 먹먹했다. 평양이 이러할진대 탈북민들이 살아온 날들은 얼마나 고단했을까. 생각이 거기에 미치자 마음이 무거워졌다.

순안공항으로 향하는 버스 안에서 누군가 먼저 시작한 노래에 하나둘 목소리가 겹쳐졌다. 우리는 함께 '다시 만납시다' 노래를 불렀다. 다시 만나자는 약속을, 통일을 바라는 마음을 노래에 실었다.

　　백두에서 한라로 우린 하나의 겨레
　　헤어져서 얼마냐 눈물 또한 얼마였던가

잘 있으라 다시 만나요 잘 가시라 다시 만나요
목메여 소리칩니다 안녕히 다시 만나요
부모형제 애타게 서로 찾고 부르며
통일아 오너라 불러 또한 몇 해였던가…

내 길에 서 있는 큰 언덕

    누구나 몇 개의 이름이 있다. 친구는 나를 친구라 부르고, 엄마는 딸이라 부르고, 딸은 나를 엄마라 부른다. 남편이 나를 부르는 애칭은 기분에 따라 서너 개쯤 된다.

    이름에는 역할이 따라다닌다. 그게 바로 '이름값'이다. 나는 이름값을 제대로 하고 있을까. 돌아보면 대답이 선뜻 나오지 않는다. 통일운동에 매달려 지내다 보니 동창회에 나가거나 친구들과 멀리 여행 가본 기억이 가물가물하다. 아들딸도 살뜰히 살피지 못했다. 알아서 잘 커주어 고마우면서도 가슴 한구석이 저린다. 시어머님은 며느리를 딸처럼 여기셨다. 살림은 뒷전이고 바깥일에 발이 묶인 며느리를 향해 단 한 번도 얼굴을 찌푸리지 않으셨다. 손주들을 당신 자식처럼 키우시고 집 살림까지 도맡아 주셨다. 그 넓은 품을 어찌 잊을 수 있을까.

데일 카네기는 말했다. "이름은 그 사람에게 그 어떤 말보다 근사하고 중요한 소리임을 명심하라." 통일운동을 하며 가끔 내 이름을 돌아본다. 그리고 스스로에게 점수를 매긴다. 친구로서, 엄마로서, 아내로서, 며느리로서… 붉은 줄이 그어진 답안지를 보는 기분이다. 낙제점 일색이다. 그럼에도 내 이름을 달고 부끄럽지 않게 세상을 걸을 수 있었던 것은 남편 덕이다. 그가 내 빈자리를 채워주었다. 기울어진 저울 한쪽에 조용히 무게를 얹어 균형을 잡아주었다. 그의 손길이 없었다면 나는 진작에 무너졌을 것이다.

남편은 삼성전자에 다니다 임원으로 퇴직했다. 말수는 적지만 그의 중심에는 언제나 '성실'이 자리했다. 수십 년을 아침 5시 30분이면 출근했다. 전날 술자리가 늦어져 새벽에 들어와도 출근 시간만큼은 흔들림이 없었다. 남편에게 회사는 또 하나의 가족이었다. 집과 회사를 잇는 출퇴근길은 남편 세상의 전부였다. 남편을 임원 자리에 올려주신 최도석 부회장님께 퇴직 인사를 드리니 이렇게 말씀하셨다.

"삼성에서 임원이 된다는 것은 친구가 없다는 것이고, 가족과도 함께하지 못했다는 증거입니다. 그러니 퇴직 후에는 자신만의 루틴을 만들어야 합니다."

삼성맨으로 살아온 외길 인생을 알아봐 주신 말씀이었다.

남편은 나보다 두 살 연하다. 지금이야 연하 남편이 흔한 시대지만 당시만 해도 세상의 시선이 곱지 않았다. 엄마는 시집 언제 가느냐며 속을 태우셨지만 나는 한결같았다.

"나이가 들더라도 내 할 일 다하고 결혼할 거예요."

서른을 훌쩍 넘긴 딸을 둔 지금, 그때 엄마의 마음이 비로소 이해된다. 엄마가 되면 엄마가 보이고, 아버지가 되면 아버지가 보이는 법이다. 아버지가 예비사위를 만나고 시골로 내려가신 날, 엄마에게서 전화가 왔다.

"미녀야, 정말로 결혼한다는 게 맞니?"

목소리에 담긴 놀람과 안도를 지금도 기억한다.

나중에 안 일이지만 예비 시아버님이 다방에서 차를 마시고 계실 때 한 스님이 곁에 앉으시더니 이렇게 말씀하셨단다. "두 살 많은 며느리를 얻으십시오." 그 스님은 혜안이 있으셨던 걸까. 아니면 보이지 않는 인연의 손길이 우리를 이끌었던 걸까.

우리 부부는 결혼할 때 약속을 했다. 한 사람은 생계를 책임지고, 한 사람은 사회를 위해 일하자고. 결혼 때 한 약속이란 세월 앞에서 쉽게 빛이 바래는 법인데, 우리는 그 약속을 오늘까지 지켜왔다. 아니 내가 지켰다기보다 남편이 지켜주었다.

남편 덕에 석사와 박사 공부를 했다. 내가 하고 싶은 일을 하며 살아왔다. 친구들은 이런 나를 부러워한다. 나는 가끔 생각한다. 긴 세월 자아실현을 하며 사는 사람이 과연 얼마나 될까. 어쩌면 나는 태어날 때부터 이 길을 걸으라 정해진 삶인지도 모른다. 남편의 뒷받침 없이는 내가 추구하는 통일운동이 현실적으로 불가능했을 것이다. 흔히 사람들이 직업을 갖는 이유는 생계유지가 첫째, 자아실현이 둘째라고 한다. 남편은 그 두 몫을 다 떠안았다. 가정의 생계와 아내의 꿈까지.

참으로 고마운 건 도움을 주면서도 단 한 번 생색을 내거나 눈살을 찌푸리지 않았다. 신혼 초에 내가 어쩌다 목청을 높이면 남편은 빙그레 웃으며 말했다.

"으이고, 살아보면 시집 잘~왔다 할 겁니다."

그 웃음이 가끔 떠오른다.

그리 받고도 모자랐는지, 퇴임을 앞둔 남편에게 살짝 예방주사를 놓았다.

"여보, 나 돈 없는 거 알지? 그동안 벌어온 돈 다 썼어…."

남편은 아프다고 인상 쓰지 않고 주사를 맞았다.

"사실 당신이 좋은 일을 해서 내가 12년간 임원을 할 수 있었어."

세상에는 두 종류의 사람이 있다. 누군가에게 기대고 싶은 사람, 누군가에게 기댈 곳이 되어주는 사람. 남편은 나에게 힘이 되고 의지가 되는 든든한 언덕이었다. 조금 늦었지만 나는 남편에게 말했다.

"당신이 퇴직하면 이제 내가 더 잘해줄게."

그동안 받기만 했으니 이제는 돌려줄 차례다.

남편이 《주역》에 빠진 데는 나름의 아픈 사연이 있다. 중학교 졸업 무렵에 아버지의 사업이 무너졌다. 전셋집을 전전하는 아픔 속에서 남편은 《주역》을 손에 쥐었다. 아픔을 다독이려 펼친 책은 곁에 두고 마음을 다스리는 수양서가 되었다.

공자는 만년에 《주역》에 심취해 책을 엮은 가죽 끈이 세 번이나 끊어졌다고 한다. 남편도 《주역》을 무려 60번이나 읽었다. 나는 그 깊은 원리를 다 알지 못한다. 하지만 이것만은 안다. '바르면 길하고, 길하면 통하고, 통하면 보인다'는 우주의 진리가 그 안에 흐르고 있다는 것을.

남편은 독서광이다. 어려서부터 몸에 밴 습관은 평생을 간다. 결혼 초 주말이면 남편이 보이지 않았다. 시어머님께 여쭤보면 늘 같은 대답이 돌아왔다. "아마 근처 책방이나 도서관에 있을 거야." 예상은 거의 빗나가지 않았다.

허균은 "1만 권의 책이 있는 곳이 낙원"이라고 했다. 그의 기준대로라면 우리 집도 한때는 '준낙원'이었다. 지금은 비움을 실천하느라 틈만 나면 책을 정리해 조금씩 줄여간다.

남편은 고여 있지 않는 물이다. 세계적인 경영학자 피터 드러커는 5년마다 새로운 전문가의 길에 도전했다고 한다. 남편도 그렇다. 드러커급의 전문성은 아니지만 영화에, 클래식에, 사진에…. 거의 5년 주기로 흠뻑 빠져든다. 한때는 영화 CD가 8,000장을 넘었다. 매료되는 데도 순서가 있다. 관련 서적을 한아름 읽고 나서야 그 세계의 문을 연다. 그러니 남편의 취미에는 나름의 깊이가 있다. 다음에는 무엇에 꽂힐까. 기대 반 걱정 반이다.

아무리 돌아봐도 그런 남편에게 내가 해준 게 없다. 요리마저도 남편이 나보다 한 수 위다. 퇴직 후 남편은 거의 매끼 부엌에 선다. 식탁에는 주로 지중해식 요리가 오른다.

결혼 초기에 남편은 저녁 초대를 자주 받았다. 집들이나 아이 돌잔치 등 동료들과의 자리가 많았다. 나는 서울, 일산, 분당 어디든 남편을 데리러 갔다. 일산 근처에 사는 동료들은 일일이 집까지 태워다 주었다.

남편 승진 후 회사 임원을 뵌 적이 있다. 그분이 말씀하셨다.

"우리 직원들 술 마시면 집마다 다 데려다 주신다는 이야기 들었습니다. 참 고맙습니다."

남편을 위한 내조는 그것이 전부였다.

나는 시민단체 일을 하면서 '남편 찬스'를 쓰지 않았다. 이건 단 한 번의 예외다.

남편과 함께 일하는 분 중에 새조위에 개인적으로 후원하는 분이 계셨다. 우리 집에는 매번 《SERICEO》라는 책이 배달된다. SERICEO는 삼성경제연구소에서 발행하는 잡지로 다양한 콘텐츠를 제공한다. 일부 강연은 회원제로 운영된다. 어느 날, 아들러 심리학 강의 안내문이 눈에 들어왔다. 탈북민의 심리 안정에 관심이 많던 터라 그 강좌를 듣고 싶어 남편에게 방법을 물었다. 궁하면 통한다고 했던가. 새조위에 후원하는 그분이 바로 크레듀 김대희 대표이니 한번 연락해보라고 했다. 길이 생겼구나 싶어 김 대표님께 전화를 걸었다.

"아들러 심리학을 듣고 싶은데 방법이 없을까요? 듣게만 해주시면 매번 가서 커피도 나르고 청소도 할게요."

"방법은 있지요. 사무실로 오세요."

만사 제치고 서둘러 회사로 달려갔다. 탈북민을 도우려는 내 진심을 아셨는지 VIP 티켓을 주셨다. 한데 티켓보다 더 감동적인 것이 있었다. 고맙다는 인사에 돌아온 김 대표님의 말씀이었다.

"제가 오히려 새조위에 고맙지요. 사실 저는 기부를 하면서 삶이 잘 풀린 것 같아요. 1년마다 기부처를 변경하는데 퇴직할 때까지 새조위에 계속 기부할게요."

일생 유일한 '남편 찬스'가 내게 준 감동은 오래 남았다. 누군가를 도우면서 내가 행복해진다면 그보다 더 큰 복이 어디에 있겠는가. 나눠주고도 내 마음이 더 넉넉해진다면 그만한 부자가 또 어디 있겠는가.

내 짐작이지만 남편의 그 아낌없는 마음도 주면서 행복해지는 삶의 심오한 이치를 《주역》을 읽으며 깨달은 게 아닐까.

가족은 삶의 뿌리이자 안식처이다. 내가 어깨 펴고 세상을 걸으며 통일에 대한 열정이 식지 않는 것은 든든한 남편 덕분이다.

국민훈장, 모두의 이름으로

뜻이 새겨진 모든 것에는 그에 걸맞은 책임이 따른다. 지도자라는 이름이 붙은 자리에는 아랫사람들을 잘 이끌고, 그 조직이 원하는 방향으로 뚜벅뚜벅 걸어가라는 책무가 함께 놓인다. 'The buck stops here(책임은 여기서 멈춘다).' 미국 해리 트루먼 대통령의 백악관 탁상명패로 유명한 문구다. 모든 책임을 회피하지 않고 스스로 감당하겠다는 결연한 각오가 단 한 줄 속에 응축되어 있다. 직책은 명예가 아닌 책임이며 직분은 특권이 아닌 소명이다.

2023년 9월, 민간통일운동으로 '국민훈장 동백장'을 받았다. 사실 나는 상과는 인연이 먼 삶을 살아왔다. 훈장이 어떤 급의 상인지, 누가 받는 것인지조차 알지 못했다. 독립운동을 한 위대한 분들이 받는 영예쯤으로만 생각해왔다. 훈장을 받고서야 조심스레 관련 자료를 찾아봤다.

나를 추천한 곳은 민족화해협력범국민협의회(민화협)이다. 민화협은 1998년 9월 우리 사회 각계각층을 대표하는 200여 개의 정당, 종교, 시민단체 협의체로 출발했다. 분단 이후 처음으로 보수와 진보, 중도를 망라하여 민족 화해와 통일 준비를 위해 만들어진 곳이다. 통일문제에 대한 국민적 합의를 이루고 민족의 화해 협력과 평화 실천을 통해 공동 번영을 만들어가는 것을 목적으로 한다.

2013년 홍사덕 설립자께서 민화협 대표상임의장이 되면서 나도 본격적으로 민화협 활동을 하게 되었다. 2023년 어느 날 민화협에서 연락이 왔다. 민간통일운동 유공 정부포상에 나를 추천하고 싶다고 했다. 그렇게 나는 국민훈장 동백장을 받았다. 대통령 표창을 받은 지 10년 만의 큰 선물이었다.

> 귀하는 민간통일을 위하여 국가 사회 발전에 이바지한 공로가 크므로 대한민국 헌법에 따라 국민훈장 동백장을 수훈한다.

훈장에 새겨진 문구다. 그날 남편이 꽃다발을 들고 왔다. 결혼 후 평생 그림자처럼 뒷받침만 해주었는데 그날만은 나를 축하해주고 싶었던 모양이다. 남편이 고마웠다. '국민훈장'이라는 분에 넘치는 상도 남편이 아니었으면 불가능한 일이었다. 그해는 통일운동을 하면서 탈북민 정착지원을 본격적으로 시작한 지 만 20년이 되는 해라 왠지 더 뿌듯했다.

조금 부끄러운 집안 이야기지만 남동생은 시골 이곳저곳에 현수막을 달며 온 동네에 누나 자랑을 하고 다녔다. 90세가 넘어 혼자 사시는 어머니에게 힘을 드리기 위해 다양한 이벤트를 했다고 한다. 상은 누나가 받았는데 돈은 동생이 꽤 썼을 것 같다. 통일운동한답시고 동생을 살뜰하게 챙기지도 못했는데 남들에게는 좀 쑥스럽지만 이북5도민 활동을 해온 동생에게는 언제나 고마운 마음이다.

서로 축하하고 더 열심히 하자는 의미에서 조촐한 자축연을 가졌다. 새조위 공동대표를 지냈고, 현재 국회도서관 관장인 황정근 변호사께서 축하 말씀을 해주셨다. 따뜻한 축하가 너무 감사해 여기에 그대로 옮겨 적는다.

세상에서 가장 작은 새 벌새는 1초에 90번 날갯짓을 합니다. 너무 많은 날갯짓에 벌처럼 윙윙거리는 소리가 날 정도입니다. 꽃 앞에서 꿀을 딸 때도 날갯짓을 하는데 날갯짓이 너무나 현란해 꽃보다 아름답게 느껴집니다. 그런 날갯짓을 하기 위해 얼마나 많은 근육과 에너지가 필요하겠습니까. 신 대표님은 지난 새조위 35년간 벌새보다 더 부지런했습니다. 그는 벌새이기도 하고 꽃이기도 합니다. 게다가 '미녀'이기도 합니다. 새조위는 그런 조그만 벌새의 날갯짓 중 하나입니다. 벌새의 윙윙거리는 소리가 모이고 모이면 북녘땅까지 울려 퍼지리라 믿습니다. 영화가 시작되기 전에 스크린은 텅 비고 깜깜하지만 영화가 시작되면 빛이 스크린을 향해 쏟아지고 환해집니다. 대한민국 자유민주주의의 빛이 깜깜한 북녘땅에 스며들 때, 북한 주민들에게도 재미있는 영화가 상영되기 시작할 것입니다. 그런 날을 위해 우리는 쉬지 않고 노력해야 합니다. 다시 한번 신 대표님의 국민훈장 수훈을 축하드립니다. 마지막으로 제가 신 대표님의 수훈 소감을 대신해서 말씀드리겠습니다. 새조위 여러분, 이렇게 기뻐하니 저도 너무 기쁩니다. 감사합니다.

내심 기뻤던 것은 이 국민훈장이 아버지와의 약속을 열심히 지키고 있다는 증표 같았기 때문이다. 하늘에서 아버지의 목소리가 들리는 듯했다. "미녀야, 여기까지 오느라 고생했고 참 장하다." 가족에게는 내가 밖에 나가 커피 마시며 놀지만은 않았다는 증표인 듯해 나름 위로가 되었다.

'통일을 향한 마음'은 내가 남보다 다른 길을 걷기로 결심하면서 마음에 품은 초심이었다. 설립자께서 정치인이셨던 터라 새조위를 발판으로 어디 다른 곳을 기웃대는 것 아니냐는 의

혹의 시선도 있었다. 하지만 내가 선택한 길을 걸으며 다른 생각을 품은 적은 단 한 번도 없었다.

국민학교 때 머리를 쥐어짜며 외웠던 국민교육헌장은 '우리는 역사적 사명을 띠고 이 땅에 태어났다'로 시작한다. 나도 역사적 사명을 띠고 이 땅에 태어났다. 그 사명은 '통일에의 길'이다. 어쩌면 국민훈장은 지금까지 잃지 않은 초심을 끝까지 놓지 말라는 준엄한 경고장인지도 모른다.

인천상륙작전을 지휘한 더글러스 맥아더 장군은 "군인에게 애인이란 총이고, 군인에게 돈이란 자신의 훈장이며, 군인에게 명예란 자신이 군인이라는 것이다"라고 했다.

'훈장네 마당 같다'는 말이 있다. 훈장은 누군가를 깨우치는 데는 밝지만 집안을 꾸려가는 데는 어두워 마당이 텅 비었다는 뜻이다. 내가 받은 훈장에도 이런 의미가 새겨져 있지 않을까. 네 곳간이 좀 부족해도 이웃 곳간을 따뜻하게 채우는 일을 게을리하지 말라는 따끔한 충고가 훈장에 담긴 뜻이 아닐까 싶다.

2장

아픈 영혼을 위한 응원가

낯선 땅으로 왔지만 길 위에 남긴 상처는
이곳에서도 쉽게 아물지 않는다.

그들의 상처, 우리의 손길

　탈북민은 내게 하나같이 아픈 손가락이다. 그들의 마음과 영혼은 곳곳에 상처를 입고, 삶은 이곳에서도 여전히 사선을 넘나든다. 자유를 꿈꾸며 목숨을 걸고 왔지만 세상의 시선은 여전히 곱지만은 않다. 몸마저 병들면 의지할 곳 하나 없는 현실 앞에 그들은 다시 절망하고, 또다시 가슴을 치며 눈물을 삼킨다.

　탈북민은 여러 숙제를 안고 이 땅에 온다. 하지만 그들의 숙제는 이곳에서 해소되기보다 새로운 고통으로 증폭되거나 중첩되곤 한다. 마치 거미줄처럼 얽히고설킨 그들의 현실은 한두 개의 정책만으로 해결되지 않는다. 인생이 그러하듯, 사람마다 사연이 다르고 고통의 결 또한 제각각이다.

　그들의 무수한 사연을 알기에 나는 탈북민 문제를 쉽게 일반화하는 것을 경계한다. 그들에게 필요한 건 무분별한 시혜가 아니라 더 정밀하고 세심한 사회적 배려다. 무엇보다 지속적인 관심은 탈북민을 보듬는 시작이자 끝이다.

북한에서 1995년부터 2000년대 초반은 경제난과 기아를 극복하기 위한 이른바 '고난의 행군' 시절이었다. 국가시스템은 마비되고 제대로 작동되지 않았다. 국가에만 의존해 살던 주민들은 갑작스런 배급중단으로 정부 추산 46만 명의 아사자가 발생했다. 말이 무상진료이지 환자들은 돈이 없으면 병원진료를 받지 못했고, 심지어 필요한 모든 의료용품과 의료진 식사까지 준비해야 수술을 받을 수 있었다. 그들은 장마당에서 약을 구입하고, 일부 환자는 가정집에서 비밀리에 진료를 받는 처지였다.

새조위가 어렵게 취업 인터뷰를 성사시켜도 사전에 말도 없이 약속을 어기는 경우가 많았다. 이유는 대부분 몸이 아프다는 것이었다. 탈북민들 대다수는 절반쯤 의사다. 본인이 병명과 아픈 부위를 말하며 "이것은 며칠만 지나면 자연스럽게 나아요"라며 병원에 가지 않으려고 한다. "북한의 자식들이 굶어죽는데 나 혼자 잘살겠다고 치료를 받는가"라며 병원을 찾지 않는 사람들도 있다. 병원비도 부담이 되지만 세분화된 한국의 병원은 이들에겐 무척이나 낯선 곳이다. 북한은 호 담당의사가 있어 동네 진료소에 찾아가면 담당의사가 진료하고 환자의 상태에 따라 상급병원으로 보낸다.

이런 현실이 가슴을 아프게 하던 터에 한 가지 생각이 떠올랐다. 새조위가 탈북민을 위한 의료지원사업을 해보자. 뜻이 있으면 길이 있다고 했던가. 의사인 친구에게 탈북민들의 건강을 염려하는 말을 자주 했는데 어느 날 친구가 의료계에서 아주 유명한 공중파 방송국의 기자를 소개해 주었다. 나는 마음속으로 탈북민을 돕자는 포석을 깔고 그 기자를 따라 봉사활동에 참여했다. 기자와 의사들의 봉사 모임이었는데 다양한 의료기기로 불우한 사람들을 진료하고 의약품을 나눠 주었다.

나는 곁에서 심부름하면서 탈북민들에게도 찾아가 이런 도움을 주면 참 좋겠다고 생각했다. 두 번째 봉사를 다녀오면서 단체 회장인 심영기 연세에스의원 원장에게 부탁을 했다. 그분은 국립의료원 원장이 친구이니 내 뜻을 전해주겠노라고 약속했다.

당시 나는 탈북민 지원사업을 시작한 지 얼마 되지 않은 터라 찾아오는 사람들을 상담하고 다양한 프로그램을 만드는 데 정신이 없었다. 잠시 잊고 있었는데 심 원장께서 전에 내가 부탁한 이야기를 다시 꺼내셨다. 강재규 국립의료원 원장에게 이야기해놨으니 날짜를 맞춰 한번 찾아가 보라고 했다. 나는 길목마다 신께서 길을 인도해 주신다는 이야기를 자주 한다. 이번에도 느낌이 딱 그랬다.

약속 날짜를 잡고 절반은 설렘으로 절반은 걱정으로 거의 잠을 자지 못했다. 나는 할 말을 메모하고 연습하고 또 연습했다. 그러나 강 원장께서는 바로 의료진, 행정요원, 보건복지부 파견 공무원까지 불러 회의를 진행하셨다. '아! 됐구나' 하는 생각에 웃으며 인사하면서도 속으로는 눈물이 핑 돌았다.

2006년 3월, 국립의료원(현 국립중앙의료원) 내에 '북한이탈주민 진료센터'가 만들어졌다. 나의 간절한 꿈이 현실이 되는 순간이었다. 그때의 감회는 글로 표현하기 어려울 정도로 벅찼다. 이제 탈북민들도 최소한의 사람대접을 받을 수 있는 전문 진료센터가 생겼다는 생각에 가슴이 뭉클했다. 첫 진료를 한 2006년 3월 14일은 내 평생 잊지 못할 날이다. 같은 해 4월 19일 보건복지부(공공의료팀 473호) 중점 공공의료사업으로 선정되고, 5월 2일 북한이탈주민 진료센터가 정식 개소되었다.

2005년에 당시 새조위 북한이탈주민 적응지원센터장인 김동구 연세대의대 교수께서 의사협회 주최로 서울시 광장에서 열린 행사에서 탈북민 150여 명의 무료진료 및 상담을 해준 적이 있다. 나는 먼저 그분들에게 전화로 의료지원 정보를 알려드렸다. 처음에는 지금 안동성소병원 원장인 김종흥 외과과장 진료실에서 매주 화요일 오후에 진료를 시작했다. 나는 탈북민들을 맞이하고 키와 몸무게 등 기초적인 의료정보를 체크해 간호사에게 전해주었다. 김 과장님이 문진한 뒤 해당 과를 알려주면 진료실 앞까지 그들을 안내했다.

탈북민 접수를 받는 곳은 진료실 밖 환자들이 대기를 하는 자리였다. 그때만 해도 탈북민들이 남한에 입국한 초기라 북한 말투에 주위 사람들이 쳐다봤고, 그들도 주위를 의식해 목소리를 낮췄다. 환자들이 늘어나자 2006년 국립의료원에서 작은 공간을 만들어 주었다. '제1호 북한이탈주민 의료상담실'은 그렇게 탄생했다. 올해로 19년째다. 몸 아픈 것만큼 서러운 게 없다. 탈북민의 서러움을 덜어주는 일을 한다는 사명감은 나의 마음을 뿌듯하게 한다.

북한이탈주민 진료센터 1주년 세미나에서 김종흥 센터장은 1년 3개월간 탈북민 입원환자는 109명, 총 진료 인원은 489명이라고 발표했다. 김병창 정신과 의사는 초진 진료과는 내과, 정형외과, 산부인과, 신경과, 외과 순으로 많았고, 대부분 검사를 원하면서도 정신과적 문제에 대해서는 거부감을 호소하는 사례도 적지 않았다고 했다. 북한에서는 사람 마음의 문제를 병으로 보지 않는 의료문화적 특징이 있다. 세월이 흐르면서 산부인과와 정신의학과 환자들이 증가했다.

나는 북한이탈주민 진료센터 이용 실태조사를 발표했다. 리서치플러스 조사기관에 의뢰하여 병원을 다녀간 200명을 대상으로 전화면접을 실시했는데 과반수가 입국 이전부터 건강상태가 나빴다. 입국 전 치료를 받아본 경험은 31%에 불과했다. 한국 병원을 불신하는 이유로는 '의료보험 1종이라고 무시하는 느낌을 받았다', '병의 차도가 없는 것 같다' 등의 순이었다. 의사와의 소통 문제도 불신의 한 이유로 꼽았다.

중국에서 탈북자는 불법체류자 신분이기에 병원 이용이 어렵다. 이들 대부분이 병원에 갈 수 없는 처지이다 보니 만병통치약으로 여긴 정통편을 진통제로 먹으며 아픔을 견딘다. 초기에는 정통편을 중국에서 가져오는 사람도 있었는데 현재 남한에서는 마약류로 단속을 받는다. 북한에서는 1990년대 양귀비를 백도라지로 이름을 둔갑시켜 지정된 농장에서 재배해 외화 벌이를 했다. 북한 주민들은 불법인 줄 알면서도 결핵, 뇌출혈, 암치료 등에 아편을 복용하기도 했다.

환자가 늘어나면서 의료상담실 확대가 시급하고 절실했다. 우선 충청권을 목표로 했다. 새조위 자문위원인 충남대 김현리 교수에게 사정을 이야기하니 당시 충남대학병원 기획조정실장인 신현대 정형외과 교수를 소개해 주었다. 대전으로 내려가 신 교수와 함께 송시헌 병원장을 만났고, 2009년 제2호 북한이탈주민 의료상담실이 충남대병원 내에 만들어졌다.

탈북민의 65% 정도는 서울 경기지역에 살고 있다. 경기권에도 그들을 위한 상담실이 필요하다고 생각하던 차에 국립의료원에서 탈북민의료지원사업을 하던 김종흥 외과과장이 인천적십자병원장으로 부임했다. 이 또한 하늘의 뜻이라 생각했다. 2011년 제3호 북한이탈주민 의료상담실을 인천적십자병원에 오픈했다.

제4호 북한이탈주민 의료상담실은 2012년 서울의료원에 열었다. 서울의료원은 새조위, 하나원과 함께 2010년에 이미 의료협약을 맺었는데 서울의료원이 신내동 사옥으로 옮기면서 로비에 공간을 마련해 상담실을 열게 된 것이다.

의료지원시스템의 전국화는 새조위의 핵심 과제였다. 나는 상담실이 적어도 도(道)마다 하나씩 필요하다고 생각했다. 새조위는 하나원과 함께 부산대학병원, 전북대학병원, 강원대학병원 등과 업무협약을 맺은 상태였다. 하늘은 스스로 돕는 자를 돕는다고 했는데 또 기적이 일어났다.

새조위 회원으로 부산에서 사업을 하고 있는 박찬원 대표가 새조위에 들렀기에 상담실 고민을 털어놓았더니 그분이 다리를 놓아서 부산백병원에 제5호 북한이탈주민 의료상담실을 오픈했다. 돌아보면 고비마다 누군가가 지혜를 빌려줘 여기까지 왔다. 나로선 참으로 경이로운 일이다. 특히 탈북민의료지원사업의 전국적인 확장에는 통일부 하나원에서 간호사무관으로 근무한 전정희 이대 간호학과 특임교수의 공도 컸다.

의료상담실에는 새조위 소속 탈북민 상담원이 한 명씩 근무한다. 연고가 없는 탈북민 환자에게 상담원은 거의 가족이다. 초진환자가 병원에 오면 신원 확인 후 원무과에 가서 탈북민 감면시스템 등록을 해주고 해당 진료과로 안내한다. 심리적으로 위축된 환자 진료동행, 응급 환자 돌봄, 입원환자 시중, 수술환자 보호자 역할, 환자 자녀 보호, 퇴원환자의 요양원 연계, 무연고자 장례식까지 모든 일을 떠맡는다. 수많은 일들을 밤낮없이 묵묵히 해내는 의료상담실 상담사들이 늘 고맙고 미안한 마음이 가득하다. 그들은 북에서 내려온 따뜻한 천사들이다.

내가 '의료지원'이라는 간절한 소망을 갖게 된 데는 아픈 사연도 있다. 한 탈북민이 아무래도 암인듯해 대학병원에서 검사를 받았는데 의사의 말을 도통 알아듣지를 못해 고개만 끄덕이다 왔다는 이야기를 들었다. 또 한번은 면회자가 한 명도 없어 옆 환자 보기에 창피하기도 하고 스트레스를 받아 서둘러 퇴원했다는 말을 듣고도 마음이 짠했다.

탈북한 남자들 중에는 문신을 새긴 사람들이 간혹 있었다.

그 당시만 해도 남한사회에서 문신을 바라보는 시선이 그리 곱지 않다는 것을 알고 한여름에도 짧은 소매를 잘 입지 않았다. 양 손등에 커다란 문신을 한 청년 두 명에게 일자리 찾는 데 도움이 될까 싶어 시술해주기도 했다.

어느 날은 20대 초반 탈북민 남성이 교통사고로 응급실에 왔다. 뇌출혈과 척추압박골절로 응급수술이 필요한 상황이었지만 이미 인생을 포기한 상태라 수술을 거부했다. 머리는 피로 범벅이 되어 있었고 몸을 움직일 수도 없는데 수술을 거부하니 의사들도 당황했다. 환자의 소식을 들은 새조위 교육생들이 서로 봉사를 자청하며 병원으로 가서 머리를 감기고 몸을 닦아주며 "너는 절대 혼자가 아니니 힘내고 수술을 받아야 한다"라며 용기를 주었다.

의료상담실 상담사는 진료받으러 오는 탈북민 동료들에게 병실에 올라가서 그 청년을 위로해 주도록 했다. 하루에도 십여 명이 일면식도 없는 환자의 손을 잡아주고 간식을 사들고 가는가 하면 집에서 잣죽을 쑤어 와서 직접 먹여주기도 했다. 지성이면 감천이라고 했던가. 3일이 지나자 청년의 모습은 완전히 달라지고 수술을 받겠다고 했다.

담당의사가 상담실에 찾아와 "어떻게 3일 만에 환자가 저렇게 변하고 수술까지 받겠다고 하는지 놀랍다"며 고마워했다.

수술은 잘 되었고, 환자는 손 편지로 의사에게 고마운 마음을 전했다. 인정이 많은 탈북민들이 아들 같고 동생 같은 한 청년의 생명을 구한 것이다. 아픔도 전이되지만 행복도 전이된다. 국립의료원에서 심장 수술을 받은 남성 환자가 퇴원 길에 새조위 사무실에 들러 자기를 살려줘서 고맙다고 울먹이며 감사를 표할 때는 보람 있고 행복했다.

국립의료원에 입원한 환자가 서둘러 퇴원하려 한다기에 찾아가 이유를 물어보니 몇십만 원이 넘은 치료비를 감당할 수 없다고 했다. 의료보험을 설명해주며 실제로는 아주 적은 돈을 내면 된다고 하니 믿기 어렵다는 표정으로 나를 한참 쳐다봤다. 한번은 남녀가 사무실을 방문했다. 병원 두 곳에서 암 진단을 받았는데 믿을 수 없어 새조위와 관련된 병원에서 다시 한번 검사를 받아보자고 이웃 탈북민 여성이 충청도에서 모시고 온 것이었다. 내가 보기에도 병색이 짙고 몸도 허약해 보였다. 바로 국립의료원으로 모시고 갔다. 검사를 마친 뒤 식사를 대접하고 싶다 하니 여러 번 사양하다 동태찌개가 먹고 싶다고 했다. 그분은 다섯 숟가락도 들지 못했고, 얼마 뒤 운명하셨다. 힘겨운 목소리로 들려준 핵관련 일을 한다는 평양의 딸은 아버지의 죽음을 알고나 있을까.

새조위의 탈북민의료지원사업은 올해가 19년째다. 전체 탈북민 3만 4천 명 중 새조위 의료지원 시스템을 이용한 초진환자는 1만 3천 명에 달한다. 진료 건수는 15만 건을 넘는다. 모두가 마음을 모아주었기에 가능한 일이다.

아침에 잠을 깨면 어제라는 하루가 뒷장으로 넘어간다. 넘어간 뒷장은 사라지지 않고 인생의 한 페이지가 된다. 훗날 그들과 함께 가슴 아픈 사연들이 아름다운 추억으로 빼곡했으면 한다. 탈북민 모두 건강하고 행복하게 백년의 복을 누리길 간절히 기도한다.

문을 두드리는 돌봄

이상과 현실은 괴리가 있다. 건너편 초원이 더 푸르게 보여 목숨을 걸고 강을 건넜지만 막상 도착한 초원에서 돌아보면 건너온 그쪽이 그리워지기도 한다. 가족을 남겨두고 사선을 넘어 대한민국을 찾았지만 남한 역시 탈북민들이 살기엔 그리 녹록하지 않다. 그들은 '이곳에서 우리는 어린아이 같아요'라고 말하곤 한다. 명령 체계에서 수동적으로 살아오다 모든 것을 스스로 결정하는 것을 힘들어 한다.

그들은 하나같이 몸도 마음도 아프다. 희망의 터전으로 왔지만 길 위에 남긴 상처는 이곳에서도 쉽게 아물지 않는다. 나는 새조위가 그들의 상처를 어루만지는 일만큼은 어느 누구보다 정성을 다하자고 다짐했다.

마음이 아픈 사람에게는 따뜻한 위로와 공감이 세상 무엇보다 큰 선물이 된다. 아낌없는 응원이 하루를 버티는 힘이 되고, 따뜻한 손길이 외로움을 덜어주는 위로가 된다.

 탈북민을 찾아가는 돌봄서비스는 나의 소망을 현실로 옮긴 작은 결실이다. 서울시가 추진하는 탈북민 지원사업의 한 축이자 22년간 탈북민과 함께해온 새조위의 또 다른 발걸음이다. 심리상담, 가족상담, 사회복지, 간호 등 각 분야 전문가들이 탈북민 가정의 문을 두드린다. 그들이 짊어진 무거운 짐을 함께 나누고 해결의 실마리를 찾는다. 대다수 탈북민 가정이 겪고 있는 문제는 트라우마, 가족관계 갈등, 대인관계의 어려움, 경제적 곤란, 법적문제 등으로 실타래처럼 얽혀 있다.

 이 프로그램은 그 실타래를 함께 풀어간다. 문제들을 공유하고 여러 방향에서 접근함으로써 탈북민이 직면한 현실을 다층적으로 해결한다. 이들이 지속적으로 도움을 받을 수 있도록 지역사회와의 연결고리도 만들어준다. '찾아가는 돌봄'은 마음과 마음을 잇는 따뜻하고 진심 어린 손길이다.

 탈북민 가족은 단순하지 않다. 북한에 남겨진 원가족과의 이별, 제3국에서 피치 못해 꾸려진 또 다른 가족과의 만남과 이별 그리고 남한에서의 낯선 재정착과 가족의 재구성… 이 모든 과정을 통과한 삶은 단순한 말로는 담아낼 수 없다. 아버지의 국적이 서로 다른 형제자매들이 한 지붕 아래 살아간다. 오랜 시간 떨어져 지낸 부모와의 갑작스러운 재회는 기쁨보다는 낯섦과 거리감을 먼저 안겨준다. 언어는 같아도 말투가 다르고, 문화는 비슷해 보여도 생활의 결이 사뭇 다르다. 낯섦과 익숙함 사이를 오가며 가족은 다시 가족이 되어간다. 그 과정에서 겪는 심리적 긴장과 감정의 불협화음, 관계의 위태로움은 정착 이면에 깃든 진실이다. 이들은 단지 새로운 땅에서 살아가는 이방인이 아니다. 관계의 언어를 다시 배워야 하는 우리의 이웃이다.

새조위가 지난 시간 돌봄의 손길을 내밀었던 수많은 가정에서 한 가지 공통된 단면과 마주하곤 했다. 탈북민 가정의 아동들은 신체 발달, 언어 능력, 정서적 안정감 등 여러 측면에서 남한의 또래 아동에 비해 발달이 다소 늦은 경우가 있다. 충분치 못한 영양 상태, 지연된 언어 발달 그리고 무엇보다도 엄마와 자녀간의 정서적 교류 부족이 문제의 중심에 놓여 있었다. 탈북민 어머니들은 자녀를 양육하기보다 통제하려 들었고, 사랑보다는 생존이 우선이었다. 그런 삶 속에서 아이들은 말을 숨기고 눈빛으로 감정을 삼켜야 했다. 특히 제3국에서 출생한 아이들은 언어 장벽으로 학습에 큰 어려움을 겪고 또래 관계에서 소외되는 이중의 어려움을 경험하고 있었다.

이러한 가정에 전문가들이 파견되었다. 심리상담가, 아동

발달 전문가, 놀이치료사, 교육 전문가 등은 단지 상담자가 아니라 그 가족의 대화법을 바꾸는 첫 번째 말동무가 되어주었다. 부모에게는 자녀와 소통하는 방법, 자녀에게는 자신을 표현하는 언어 그리고 가족 모두에게는 따뜻한 상호작용의 경험을 선물했다. 한국의 교육 시스템과 또래 문화에 대한 이해를 돕는 정보 제공은 물론 심리·사회적 개입을 통해 아이들의 마음속에 '나도 할 수 있다'는 자신감을 심어주었다. 그렇게 조금씩 변화가 시작되었다. 눈을 맞추는 시간, 웃음소리가 머무는 공간, 부모와 자녀가 서로를 이해하려는 몸짓이 하나둘 늘어갔다. 돌봄이란 거창한 제도가 아니다. 그것은 한 사람의 삶에 조심스럽게 다가가 다시 살아갈 수 있는 온기를 건네는 일이다.

트라우마와 지속되는 스트레스는 탈북민 가족 전체의 삶에 깊이 스며 있는 심리적 상처이다. 실제로 새조위가 2024년 돌봄의 손길을 내민 84가구 중 양육자인 어머니의 57%가 심리적 불안정으로 약물 치료를 받았거나 받고 있었다. 이 수치는 탈북민 가족의 고통이 결코 개인만의 문제가 아님을 말해 준다. 그들은 여러 심리적 난관에 처해 있다. 트라우마의 그림자, 우울과 불안의 깊은 바다, 분노를 다스리지 못하는 마음의 소용돌이, 이웃과의 잦은 갈등…. 더 안타까운 것은 그런 어머니가 돌보는 자녀들 역시 비슷한 심리적 취약 상태에 놓여 있다는 사실이다. 부모의 상처가 고스란히 자녀에게 대물림 되어 자신도 모르게 결핍의 시선으로 세상을 바라보게 된다.

페스탈로치는 "가정의 행복이야말로 이 세상에서 가장 빛나는 기쁨이다"라고 했다. 그 빛나는 기쁨이 아픔으로 물들고, 부모의 눈물이 자식의 눈물이 되는 것을 볼 때마다 내 마음은 무거운 슬픔에 잠긴다. 그들에게 사랑의 치유가 얼마나 간절한지 알기에 그 절박함을 외면할 수 없다.

엄마가 웃으면 집 안 가득 햇살이 든다. 그 따뜻하고 부드러운 빛은 가족의 구석구석을 물들이고, 아이들의 마음을 포근히 감싼다. 아이들은 그런 햇살 속에서 자라야 한다. 억압 없이 간섭 없이 있는 그대로 존중받는 가족 안에서 자신을 표현하는 법을 배우고, 세상을 향한 꿈을 키워야 한다. 엄마의 마음이 평안하면 가정은 쉼터가 되지만 엄마의 마음이 얼어붙으면 아이의 마음도 함께 움츠러든다. 나는 가정이라는 가장 작은 사회에서의 평화는 엄마의 행복에서 시작된다고 믿는다. 가족문제로 정착의 길목에서 주저앉은 탈북민들이 늘 마음이 쓰였다. 생계를 책임져야 하고, 단절된 관계 속에서 힘겹게 버티는 탈북민 어머니들이 활짝 웃을 수 있도록 돕는 게 꿈이다. 내 간절한 소망은 '탈북민가족센터'를 만드는 것이다. 상담을 넘어 그들의 마음에 햇살 한 줌을 건네고 다시 따뜻한 대화를 나누는 센터를 만드는 것이다. 센터를 방문했던 어머니가 어느 날 환하게 웃으며 "우리 아이가 웃기 시작했어요"라고 말해 준다면 그 한마디는 빛나는 결실이 될 것이다. 나는 그날을 고대하며 오늘도 꿈을 지핀다.

취약한 교육환경은 교육 격차를 더욱 심화시키는 악순환을 낳는다. 탈북민 가정을 방문해보면, 협소한 주거 공간으로 인해 공부방은커녕 책상 하나 둘 여유조차 없으며 책과 학습 자료 또한 턱없이 부족한 경우가 많다. 돌봄사업 현장에서 만난 전문가들은 하나같이 이 같은 문제를 해결하기 위해서는 장기적이고 체계적인 정부 차원의 대책이 시급하다고 강조한다. 가족 내 심리적 갈등 또한 탈북민 가정이 겪는 크나큰 어려움 중 하나다. '당이 결심하면 우리는 한다'는 북한의 명령체계와 자아비판에 기반한 엄격한 비판문화에 익숙한 부모 세대와는 달리 남한에서 자란 자녀들은 부모의 기대와 생각을 잘 이해하지 못한다. "우리 아이는 착하다"고 말해도 정작 그 속을 들여다보면 불통을 소통이라고 착각하는 경우가 많다. 전문가들은 바로 이 지점에서 불통의 벽을 허물고 소통의 다리를 놓는다. 가족 내 갈등의 실타래를 풀어내어 냉랭한 집안의 온기를 되살린다.

탈북민 여성의 배우자는 북한, 남한 그리고 중국의 조선족과 한족 등 배경이 매우 다양하다. 이들의 부부관계는 종종 수직적인 형태를 띠며 일방적 의사소통이 가정폭력으로까지 비화하는 안타까운 사례들도 적지 않다. 남한 출신과 결혼한 탈북민여성들은 '탈북민'이라는 이유로 남편으로부터 무시당하거나 남한 시댁과의 갈등에 시달리는 경우가 심심치 않다. 소통의 단절은 마음의 우울을 낳고, 우울은 외부와의 접촉을 차단해 은둔형 삶으로 이어지기 쉽다.

남편으로부터 핍박받던 여성이 전문가의 방문 이후 남편의 태도가 달라졌다고 울먹이며 전화를 걸어온 순간엔 나 또한 눈시울이 뜨거워졌다. 아이들과의 관계가 회복되었다는 이야기 또한 곳곳에서 들려온다. 초기 만남에서 극도의 경계심을 갖고 두문불출하던 탈북민이 있었다. 카페에서 이야기를 나누며 마지막 상담을 마치려 하자 갑자기 전문가의 손을 잡으며 "조금 있다 가면 안 되나요. 사람들 소리가 너무 좋아요…."

이 돌봄사업은 새조위 전문가와 하나센터, 서울시 담당 공무원들이 한마음으로 정성을 다해 이끌어 왔기에 따뜻한 온기가 스며 있는 사업으로 자리매김하고 있다. 이원희 동부하나센터장, 박하영 북부하나센터장의 탈북민에 대한 열정은 나조차 숙연하게 했다.

코칭, 마음의 빗장을 풀다

"오직 더 크게 사랑할 때에만 상처는 치유된다."

평생을 사랑으로 살아온 마더 테레사의 말이다. 상처 입은 마음을 일으켜 세우는 것은 주고도 모자라 아쉬워하는 부모의 사랑이다.

나는 탈북민에게 친정어머니 같은 존재이고 싶었다. 그들이 특별해서가 아니라 내 아버지의 고향에서 온 사람들이기 때문이다. 나는 그저 무엇이든 도와주고 싶었다. 작은 손길도 일종의 통일운동이라 생각했다. 그 도움을 의무로 여긴 적은 없었다. 다만 실향민 아버지의 딸로서 탈북민을 위해 무언가를 하고 싶었다. 어려운 일을 마주할 때마다 아버지의 얼굴이 떠올랐다. 아버지의 고요한 눈빛과 너그러웠던 말씀들이 나를 다 잡아 주었고, 흔들리는 마음을 다독여 주었다. 아버지는 내게 길이자 빛이었다. 내가 걸어온 이 길은 단지 누군가를 돕는 일이 아니었다. 그 길 위에서 오히려 내가 치유 받고 사랑의 울림이 얼마나 큰지도 깨달았다.

탈북민은 갈 수 없는 땅 너머에 부모와 형제 그리고 자식을 남겨두고 온 사람들이다. 그들의 마음은 들여다볼수록 더 애잔하다. 겉으로는 무던해 보여도 그 속엔 말로 다 풀어내지 못한 사연들이 끝없이 차오른다. 무엇보다 안타까운 것은 마음을 기댈 사람이 그들 곁에 없다는 사실이다. 그들을 만나며 자주 눈물을 흘렸다. 그들의 가슴엔 목 놓아 울지 못한 눈물이 있었고, 그 눈물은 어느새 나의 것이 되었다.

상처 입은 이를 마주하면 먼저 의사가 되어야 한다. 왜 다쳤느냐고 묻기 전에 흐르는 피부터 닦아줘야 한다. 나는 그들의 상처 앞에 몸을 낮추었다. 말없이 손을 내밀고, 함께 울어주는 것으로 돕는 일을 시작했다. 그렇게 탈북민들의 마음을 어루만지는 심리·정서 코칭 프로젝트를 시작했다. 그건 단순한 상담을 넘어 사람의 존엄을 회복해 가는 여정이었고, 서로의 마음을 잇는 통로였다.

"나는 왜 되는 일이 없을까?"

누구나 한 번쯤은 절망의 언저리에서 자신을 자책한다. 그러나 김필수 코치는 그의 책 《리셋》에서 "절망하지 마라. 행복도 불행도 모두 나 자신에게 달려 있다. 나 자신을 리셋하라"고 강조한다. 김 코치를 만나면서 나는 처음으로 코칭이라는 세계를 알게 되었다. 코칭(coaching)은 단지 조언을 주고받는 기술이 아니라 사람의 내면 깊숙이 존재하는 해답을 스스로 발견하도록 돕는 여정이다. 누구나 자기 안에 문제 해결의 자원을 가지고 있다는 믿음 위에, 코치는 다만 그 사람이 원하는 길로 스스로 걸어갈 수 있도록 조용히 빛을 비춰줄 뿐이다. 나는 코칭이야말로 속내를 쉽게 드러내지 않는 탈북민에게 최적화된 심리상담 중 하나라고 생각했다. 그들은 오랫동안 통제된 사회에서 누군가의 지시를 받아왔고, 말조차 자유롭게 하지 못했다. 자신의 삶을 스스로 선택하지 못하고 누군가에게 허락부터 구해야 했던 사람들이다. 탈북민에게 필요한 건 일방적인 가르침이 아니라 스스로를 다시 믿게 만드는 질문이었다. 자신의 내면으로 한 발 더 들어가게 하는 전문가의 동행이 필요했다.

"미래는 주저하면서 오고, 현재는 화살처럼 날아가며 과거는 영원히 멈춰 있다." 독일의 시인이자 극작가인 프리드리히 실러가 말한 시간의 걸음걸이다. 하지만 내게 미래는 주저하지 않는다. 머뭇거리지 않고 묵직한 발걸음으로 뚜벅뚜벅 다가온다. 나는 무엇이든 주저없이 맞선다. 생각이 떠오르면 즉시 실행에 옮긴다. 나의 이런 성향은 2010년 '북한이탈주민 코칭센터' 설립으로 이어졌다. 센터 설립 초기에는 한국코치협회의 따뜻한 손길이 있었다. 협회 임원으로 활동한 김향 코치의 도움으로 새조위는 국내 최초로 '탈북민 전문 코치 인증기관'이라는 이름을 얻게 되었다. 그때 나 역시 탈북민 3명과 함께 코치 자격을 취득했다. 남을 일깨우기 위해서는 내가 먼저 깨어있어야 하고 남을 품기 위해서는 내 품이 먼저 넓어져야 한다.

코칭의 장점은 과거를 굳이 털어놓지 않아도 된다는 점이었다. 수업에 대한 만족도는 예상보다 높았고, 그 반응은 자연스레 지방으로도 확산되었다. 2013년 한 해 동안 나는 매주 한 번씩 김필수 코치와 함께 춘천으로 향했다. 돌아오는 기차 안에서 다음 수업을 이야기하고 참여자들의 반응을 되새기는 보람으로 빡빡한 하루의 피곤도 잊었다. 몇 년 후 그 시절 함께 코칭수업에 참여한 사람들 중 7명이 코칭 이후 전문성을 길러 강원도에서 기간제 공무원으로 취업했다는 반가운 소식을 들었을 때는 개개인의 삶의 궤적이 떠올라 기쁨이 벅차올랐다. 그들이 자신의 삶을 스스로 이끌어가고 있다는 사실만으로도 이 길이 결코 헛되지 않았음을 확인할 수 있었다.

탈북민을 대상으로 한 코칭 수업은 새조위가 국내에서 처음 시도한 것이 아닐까 싶다. 상담이 아닌 코칭이라는 방식으로 그들 스스로 내면의 자원을 발견하고 삶의 방향을 재정립하도록 돕는 것은 그 자체로도 낯설고 생경한 도전이었다. 하지만 그 도전의 현장에 모인 이들의 사연은 결코 낯설지 않았다. 자살을 시도한 뒤 생의 끈을 겨우 붙잡고 있던 사람, 깊은 우울증으로 학업을 중단한 청년, 가정폭력의 그림자를 견디던 여성, 인간관계로 곳곳에 상처가 생긴 사람, 한 달에도 몇 차례 병원 응급실에 오가며 열 가지가 넘는 약에 의존하던 이들까지 사연도 다양했다. 사연의 색깔은 달라도 '살고 싶다'는 외침은 그들의 공통된 소망이었다.

　유독 기억에 남는 인물이 있다. 50대 초반 여성인데 탈북민 사회에서 늘 갈등의 중심에 있었고 소송까지 이어질 만큼 충돌이 잦았다. 나에게조차 종종 분노 섞인 말을 내뱉거나 매사 의심과 경계의 눈빛을 보냈다. 나는 그의 말보다 그 안에 웅크리고 있는 마음을 보려 애썼다. 중국에서 그녀의 삶은 지독한 고통의 연속이었다. 남편의 폭력, 시댁과 주변 사람들로부터 부당한 대우 속에서 언제나 혼자였다. 말 한마디 시선 하나에도 자신을 비난한다고 여기는 망상은 어쩌면 외로움이 만든 또 하나의 방어기제였는지도 모른다. 얼굴이 예쁘고 마음도 참 고운 사람이었다. 어쩌다 이 지경이 되었나 하는 짠한 마음에 만날 때마다 그를 꼭 안아주었다. 마음은 통했고 세월은 정직했다. 수년간의 코칭 수업을 이어가는 동안 그녀는 서서히 달라졌다. 다른 탈북민들과 함께 웃고 함께 봉사하는 연대 속에서 그녀는 점점 자신을 되찾기 시작했다. 누군가를 향한 믿음이, 그를 지켜보는 따뜻한 시선이 시들어 가는 꽃을 다시 피어나게 한다. 코칭이란 결국 그 꽃피는 순간을 함께 기다리는 일이다.

탈북민들이 가장 두려워하고 꺼리는 것은 지나온 시간을 누군가 앞에 꺼내 놓는 일이다. 지난 시절은 기억하기조차 아픈 상처다. 기억하려 하지 않아도 자꾸 떠오르고, 말하려 하면 목이 막힌다. 그 고통의 조각들이 몸 깊숙이 박혀 있다. 그들의 트라우마를 마주할 때면 먼저 마음을 닫을 수 있다는 사실을 알고 있기에 나는 말을 아낀다. 어설픈 위로가 아물어가는 마음을 되레 아프게 할 수 있다는 것을 알고 있기 때문이다.

자율성과 존중 그리고 신뢰를 바탕으로 한 코칭은 탈북민들에게 낯설지만 편안한 시간이 되어주었다. 놀라운 일이 일어났다. 처음엔 조심스럽게 시작된 수업에 한두 명씩 지인을 데려왔고, 어느 날은 용인에서 또 다른 날은 인천에서 기꺼이 시간을 들여 서울까지 찾아오는 이들도 생겼다. 속내를 드러내는 일에 누구보다 민감했던 그들이 스스로 마음을 열고, 누군가에게 그 길을 권하고 있었다. 그런 변화는 고맙고도 경이로웠다.

　중년의 한 탈북 여성에게 삶의 이유는 단 하나였다. 북에 남겨둔 가족을 이 땅으로 데려오는 일이었다. 그 간절한 목표 하나로 하루하루를 버텼고, 돈을 모아야 한다는 절박한 마음에 수단을 가릴 겨를이 없었다. 그런 절박감이 결국 그녀를 이용당하는 자리로 내몰았다. 악착같이 모은 돈은 순식간에 사라졌고 눈앞에 남은 것은 수천만 원의 빚이었다. 그녀의 삶은 무너졌고 빚을 대신 짊어져 줄 누군가를 찾아야만 했다. 새로운 가정을 꾸려 빚은 일단 해결되었지만 그것은 또 다른 지옥의 시작이었다. 남편은 심각한 알코올 중독자였고 날마다 술에 취해 욕설과 폭력을 일삼았다. 그녀는 끝내 도망치듯 집을 나왔고, 지인의 소개로 새조위 코칭 교육에 참여하게 되었다. 한 주에 세 번씩 이어지는 교육, 두 시간이 넘는 먼 거리를 오가며 단 한 번도 빠지지 않았다. 그녀는 조금씩 자신을 다시 세우고 있었다. 내면의 힘을 기르는 수업을 받으며 잃어버린 자신을 하루하루 찾아갔다. 남을 위해 희생만 하던 삶에서, 스스로를 소중히 여기는 법을 배워갔다. 삶의 의미를 '리셋'한 그녀는 마침내 폭력의 굴레에서 벗어났고, 고단한 시간을 뚫고 스스로의 힘으로 삶을 다시 일구어냈다.

　탈북민들이 남한사회에 적응하는 데 걸림돌은 두고 온 가족들에 대한 죄책감과 생존에 대한 불안이다. 그들은 자식 이름으로 된 비밀통장을 만들어 한 푼 두 푼 저축하고, 어디선가 다시 만날 날을 꿈꾸며 아이 옷과 부모의 외투를 장롱 안 깊숙이 고이 접어 넣는다. 수면제 없이는 잠들지 못하고, 정신과 치료를 받으며 하루를 버틴다. 거리에서 자식 또래의 아이가 스치면 눈을 떼지 못한 채 멍하니 바라보다 고개를 떨군다. 그런 마음들이 하나둘 모인 곳이 바로 새조위의 코칭 수업 현장이다.

처음엔 무거운 침묵과 굳은 표정, 삶에 짓눌린 기운이 교실에 가득했다. 시간이 흐르자 마음의 거울인 얼굴부터 달라졌다. 우울증이 완화되고 몸의 통증까지 한결 가벼워졌다는 사람도 많았다. 어느 날은 하루에 열 개씩 약을 복용하던 50대 여성이 약을 많이 줄였다며 이제는 살 것 같다고 했다. 변화의 중심에는 자신과의 화해가 있었다. 자신을 다그치고 자책하던 습관을 바꾸자 삶의 다른 풍경이 보이기 시작한 것이다.

한 여성은 자식을 성공시키겠다는 일념 하나로 초등학생 아들의 하루 일정을 새벽 여섯 시부터 밤늦게까지 빽빽이 짜놓고 일거수일투족을 통제했다. 딸에게는 "나는 왜 사는지 모르겠다"는 말을 습관처럼 내뱉으며 섭섭함을 드러냈다. 6개월쯤 교육을 받은 어느 날 그녀가 말했다. "간섭을 줄이고 아들 칭찬을 해줬더니 밥도 잘 먹고 공부도 즐거워해요. 간호조무사로 일하는 20대 후반의 딸은 생활비까지 줘요. 예전처럼 제가 집에 들어가면 나가지도 않아요. 아이를 바꾸려면 내가 먼저 바뀌어야 해요." 그녀의 말은 코치들이 강조하던 말과 같았다. 내가 변해야 세상이 변하고, 모든 것은 나로부터 비롯된다. 코칭은 그들에게 지식이 아닌 스스로를 바라보는 새로운 거울을 건넸다. 그 거울 속에서 그들은 비로소 따뜻한 눈으로 자신을 다시 만나고 있었다.

쌍둥이 유치원생을 키우는 젊은 어머니가 있었다. 그녀는 하루 종일 아이들과 싸웠다. 말을 듣지 않을 때마다 목소리가 점점 커졌다. 화가 나면 손이 올라가 아이들에게 체벌을 하고 말았다. 그녀는 친정언니와 함께 코칭 교육에 참여했는데 동생이 아들 이야기를 꺼낼 때마다 같은 말을 반복했다.

"우리 동생은 너무 힘들게 살아요."

3개월쯤 지났을까. 그녀가 용기를 내어 변화된 자신에 대해 말했다. 코칭 교육을 받으며 목소리가 점점 작아지고 부드러워졌다고 했다. 큰 소리를 내지 않으니 어느 날 어린 딸이 "엄마, 어디 아파?"라고 걱정스럽게 물었단다. 순간 자신이 지금까지 아이들에게 얼마나 힘들게 대했는지 깨닫고 눈물이 쏟아졌다고 회고했다. 아이들을 꼭 안고 한참을 울며 자신을 변화시켜 준 코치가 고맙다는 생각이 들었다고 했다.

부모는 자식에게 언제나 안전한 사람이어야 한다. 그래야 자식은 부모 품에서 자신의 꿈을 마음껏 펼칠 수가 있다. 어른들은 고통을 이겨내기 위해 친구를 만나 아픔을 나누고 때로는 술 한잔으로 마음을 달랜다. 여행으로 다친 마음을 힐링하고 종교에 의지하기도 한다. 아이들은 다르다. 아이들이 감정을 터놓는 통로는 오로지 부모뿐이다. 부모가 그 감정을 받아주지 않는다면 아이들은 의지할 곳을 잃고 방황한다.

매주 진행되는 코칭 수업은 참가자들이 눈을 감고 길게 호흡하는 것으로 시작한다. 마음을 정리하고 내면의 소리에 집중하는 과정이다. 이후 자신이 세운 목표를 바탕으로 코칭 대화법을 통해 스스로 이야기를 풀어내면서 자신의 길을 찾는 과정을 반복한다.

"자, 눈을 감고 과거의 아픈 기억을 떠올려 보세요. 그리고 그 감정에 이름을 붙여주세요. 그 고통의 강도는 어느 정도였나요? 이제 이 과정을 한 번 더 반복해 봅시다."

탈북민코칭센터 김광호 소장의 말에 참가자들은 조용히 눈 감고 내면으로 시선을 돌린다. 김 소장은 아이와 헤어질 때 느꼈던 깊은 슬픔과 감옥에서 겪었던 분노 같은 감정들은 시간이 흘러도 쉽게 사라지지 않는다며 이를 지우는 방법을 알려준다. 그 순간의 기억을 마음속에 한 장의 사진처럼 찍어두고 호흡을 통해 감정을 다스리면 분노와 슬픔이 점차 누그러진다고 일러준다.

어느 교육생의 고백은 김 소장의 설명을 오롯이 대변한다.

"코칭을 받으면서 얼마나 울었는지 몰라요. 그런데 신기하게도 울면서 제 안에 있던 죄책감이 하나둘씩 사라졌어요. 코칭 시간이 기다려지고 여기만 오면 마음이 편안해져요."

그녀의 목소리에 변화의 기쁨이 묻어났다.

"어느새 변화가 찾아왔어요. 2년 넘게 코칭을 받으면서 한마디로 '사람'이 된 기분이에요. 오늘 새로 온 친구들에게도 꼭 말해주고 싶어요. 함께 극복하며 좋은 사람이 되자고요."

지금도 누군가 새조위가 진행하는 프로그램 중 하나를 선택해 달라고 하면 주저 없이 코칭을 꼽는다. 2010년 탈북민 코칭센터를 개설한 이래 한 해도 거르지 않고 수업을 이어오고 있다. 7년 전부터는 대전에 거주하는 분들을 위해 매년 수업을 여는 등 코칭의 영역을 넓혀왔다. 코칭을 통해 변화하는 모습을 지켜보는 일은 내게 가장 큰 선물이다. 그들의 눈빛이 달라지고 마음이 열리는 순간을 볼 때마다 배가 부르고 가슴이 뿌듯하다. 새조위 코칭 수업에 든든한 기둥을 세워주신 김광호 코치님, 김필수 코치님, 김향 코치님께 깊은 감사의 마음을 전한다. 그분들의 헌신과 열정이 있었기에 지금의 이 귀한 변화가 가능했다.

"나는 행복하면 안 돼요."

코칭 수업을 진행하면서 가슴을 가장 아프게 울린 말이다. 탈북민들은 자신이 느끼는 행복을 마치 죄처럼 여긴다. 북한에 부모와 자식, 형제를 두고 온 그들에겐 이곳에서 혼자만 행복을 누린다는 사실 자체가 너무나 무거운 죄책감으로 다가온다. 그래서 스스로 다짐한다. '나는 행복하면 안 된다'고. 너무 아픈 말이기에 2014년 북한이탈주민 코칭센터 김 소장과 함께 쓴 책의 제목이 되었다.

'행복하면 안 된다'는 말은 내가 살아오면서 들은 가장 의외의 말이었다. 사람은 누구나 행복을 추구하고 행복하기 위해 애쓰는데 왜 그들은 행복하면 안 된다고 말하는 걸까. 그들은 어떤 삶을 살았기에 스스로 행복을 거부하는 걸까. 북한에 남아 있는 가족을 생각할 때마다 자신을 자책한다. 혼자서 밥상에 앉는 것조차 숨이 막히는 것 같다고 호소한다. 그래서 결국 스스로에게 말한다. '행복하면 안 된다'고.

《난 행복하면 안 돼요》 서두를 요약한 내용이다. 이 책은 탈북민 코칭을 통해 마음이 성장해 가는 이야기다. 그들 마음 안에 깊이 자리한 상처를 조심스럽게 들여다봐 달라는 간절한 호소이기도 하다. 어느 날 미국 대사관의 소개로 국무부 아시아 담당 직원이 새조위에 찾아왔다. 대사관 직원과 함께 온 그에게 새조위의 다양한 프로그램을 소개했다. 그는 미국 국무부에서도 아시아 여러 나라에서 좋은 일을 하고 있는 시민단체의 프로그램을 지원하고 있으니 새조위 탈북민사업도 한번 신청해 보라고 권유했다. 탈북민 코치가 가정을 방문하여 후배들을 돕는 새조위의 탈북민 홈 카운슬링 프로그램이 선정되었다. 탈북민에게 일자리를 만들어주고, 동병상련인 탈북민 동료 전문가에게 코칭 및 상담을 받게 함으로써 심리적으로도 안정을 주고자 하는 것이 목적이었다.

프로그램을 진행하려면 무엇보다 자격을 갖춘 코치와 카운셀러가 필요했다. 새조위에서 코칭 수업을 2년 이상 받은 교육생 중에서 최종 8명을 선정했다. 이들은 선정 후에도 90시간 이상의 코칭 교육을 받고, 지속적으로 강의를 듣고 관련 워크숍에 참가하도록 했다. 탈북민 코치가 동료를 코칭하는 이 프로그램이 활성화되면서 코치 자격을 받거나 대학원 전공을 거쳐 전문가로 활동하는 사람들도 크게 늘어났다.

전문 코치와 카운셀러는 상담을 원하는 탈북민을 찾아가 가족문제, 대인관계, 정착문제 등을 코칭해주었다. 마음이 아픈 사람들을 찾아다니며 상처를 어루만져준 새조위 코치와 카운셀러들은 어두운 밤에 반짝이는 별이었다.

사업이 끝나고 우리는 마크 리퍼트 미국 대사의 초청을 받아 대사관저를 방문했다. 그 자리에서 탈북민 코치와 슈퍼바이저들이 프로그램을 성실히 수행했다는 인증서를 받았다. 미 대사의 후한 대접과 격려에 탈북민 코치들은 감격했다. 한 명씩 대사와 기념사진도 남겼다.

"가지 않은 길에도 표지판을 세우면 언젠가 누군가는 그 길을 걸어간다"는 말이 있다. 나는 모든 여정의 끝을 알지 못한다. 하지만 시작의 의미는 안다. 쓰러지려는 이의 곁에 조용히 다가가 손을 내미는 일, 그 작은 시작이 누군가의 인생을 다시 일으켜 세운다.

'진인사대천명'은 나의 작은 좌우명이다. 지금은 잠시 발걸음을 멈춘 탈북민 홈 카운슬링 프로그램이 하늘의 뜻 안에서 다시 문이 열리기를 진심으로 소망한다. 나는 길을 만드는 사람은 아니다. 하지만 먼저 걸었던 사람으로서 길을 찾는 이들에게 작은 표지 하나쯤은 세워주고 싶다.

생애나눔으로 남북을 잇다

언제부턴가 세상은 절반이 다른 절반을 향해 등을 돌리고 다름을 틀림이라 단정하며 손가락질하는 곳이 되어버렸다. 다름이 틀림을 의미하진 않는다. 한 사람의 진면목을 알고자 한다면 눈부터 맞추어야 한다. 말과 마음을 주고받으면 사람과 사람은 비로소 서로의 울타리 안으로 들어간다.

탈북민을 향한 시선은 제각각이다. 누구는 한겨울 햇살처럼 따뜻하게 품어주지만 누구는 살을 에는 바람처럼 차가운 눈길을 보낸다. 통일운동의 길에서 가장 마음 아팠던 순간은 그들의 사정을 깊이 헤아리기보다 편견과 선입견의 렌즈로 바라보는 시선과 마주할 때였다. 그럴 때마다 나는 작지만 단단한 사회통합의 돌 하나쯤은 놓아 보자고 다짐했다. 그런 생각이 가슴에 가득할 때 하늘에서 동아줄이 내려오듯 뜻밖의 기회와 선물이 나를 찾아왔다.

  2019년 봄에 그리스도대학(현 강서대학교) 최정현 교수가 전화를 했다. 통일부 남북통합문화센터에서 개관 이후 처음으로 추진하는 프로젝트가 있는데 그 대학이 일부를 맡게 되었다며 파트너로 새조위가 함께하면 좋겠다고 했다. 공모사업에 도전해 보라는 권유였다. 프로젝트는 탈북민과 일반주민이 한자리에 모여 서로의 이야기를 나누는 사업이라고 했다. 내용을 듣는 순간 새조위가 이제껏 해오던 통일운동이라 참여해 보기로 했다. 결국 공모에 선정되었고, 2020년부터 3년 동안 남북 출신들이 서로가 많은 사연과 마음을 나누었다.

  프로그램의 정식 명칭은 '남북생애나눔대화'이다. 6.25전쟁이 발발하고 70년이 훌쩍 넘는 세월 동안 서로 다른 체제에서 살아온 사람들이 한자리에 모여 이야기를 나누는 것으로 독일의 동서포럼(Ost-West Forum)을 벤치마킹한 프로그램이다. 독일은 통일 이후 다양한 분야에서 내적 통합에 어려움을 겪었고, 이를 극복하기 위한 다각적 방안이 모색되었다. 그중 하나가 바로 동서포럼의 발족이었다. 동서포럼은 동서독 주민들이 진솔한 대화를 통해 서로를 이해하고 치유하는 과정을 담아냈다. 악셀 슈미트 괴델리츠가 '전기대화(삶의 이야기 나눔)'라는 모델로 포럼을 만들었고, 참여자는 동서독인 출신으로 구성되었다. 이들은 주말에 자연을 찾아 숙식을 함께하며 각자의 살아온 삶을 나누면서 오랜 편견과 오해를 조금씩 풀어갔다.

남북생애나눔대화의 근본 취지는 탈북민과 일반주민이 서로 소통하며 편견을 해소하고 이해를 넓히는 것이다. 민족의 동질성을 회복하고 통일을 대비한 내적 통합의 예행연습이다. 우리는 프로그램의 슬로건을 '너와 나를 이해하고 함께 소통하기'로 정했다. 서로 비슷하면서도 다른 문화 속에서 살아온 남북한 사람들의 이야기는 타인을 공감하고 이해하는 데 큰 의미를 지닌다. 다른 문화를 살아온 사람들이 서로 진실한 대화를 나누면 마음의 벽이 서서히 허물어지고 통일의 길도 그만큼 가까워진다.

남북생애나눔대화는 균형 있는 소통을 위해 탈북민과 일반주민을 동수로 구성했다. 낯선 자리에서 자신의 생애와 속마음을 꺼내는 일은 쉽지 않다. 그래서 참가자 스스로 별칭을 지어 부르도록 했다. 별칭을 지은 이유를 들려주면서 자연스럽게 자신의 이야기를 풀어갈 수 있게 했다. 탈북민들의 별칭은 주로 자연에서 가져왔다. 도라지, 진달래, 소나무 등 고향의 향기가 묻어나는 이름들이 많았다.

남북생애나눔대화는 속풀이의 시간이기도 했다. 누구나 인생의 길에서 희로애락을 겪고 시련도 경험한다. 이 프로그램은 그 모든 것을 서로 나누고 공유함으로써 삶을 다시금 재구성하는 계기가 되었다. 탈북민들은 북한에서의 삶, 탈북 과정, 남한에서의 정착 경험 등을 들려주고 일반주민들은 과거의 기억을 되돌아보며 그동안 잊고 지냈던 삶의 조각들을 다시 떠올렸다. 서로의 동질감을 확인하고 이질감을 해소하는 귀한 시간이었다. 참가자들은 다양한 기억을 공유하며 상대의 삶을 들여다보았다. 식생활, 놀이문화, 학교생활, 관혼상제 등 일상의 조각들이 모두 모였다. 남북의 만남은 분단의 아픔에도 불구하고 우리가 결국 한 민족임을 되새기게 하는 소중한 순간이었다.

이들은 오전 내내 마주 보며 살아온 이야기를 나눈다. 함께 점심을 먹은 뒤에도 사연은 계속 이어진다. 하루 종일 대화를 나누어도 헤어질 무렵이면 시간이 모자라고 아쉬움이 남는다. 진행을 맡은 전문가가 균형을 맞추려 하지만 탈북민 이야기가 조금 더 길어지고 무거워진다. 북한과 제3국에서의 삶, 탈북 과정은 들을 때마다 가슴이 아프다. 사연도 구구절절해 두만강 하나를 넘는 이야기만 들어도 한 시간이 훌쩍 넘는다.

듣는 이의 눈물은 '네 마음을 알겠다'는 가슴 깊은 공감의 표현이고 말하는 이의 눈물은 '내 안에 깊은 아픔이 있다'는 조용한 호소다. 스위스의 정신의학자 카를 융은 "두 사람이 만나는 것은 두 가지 화합 물질이 접촉하는 것과 같다. 그 반응으로 인해 둘 다 완전히 바뀐다"라고 했다. 남북생애나눔대화는 탈북민뿐 아니라 일반주민의 마음까지 바꾸는 귀한 프로그램이었다.

술에 취한 사람이 속풀이를 하듯 마음에 무거운 짐을 안고 사는 사람도 속풀이가 필요하다. 때로는 듣는 것만으로, 말하는 것만으로도 마음의 짐이 덜어진다. 그런 점에서 남북생애나눔대화는 힐링의 시간이자 공감의 시간이고 속풀이의 시간이었다. 떠나면서 뒤를 돌아보는 시간, 서로를 기억하는 순간이야말로 최고의 만남이다. 이 프로그램은 바로 그런 시간과 공간이었다.

남한에서 태어나 자란 청년들은 탈북민들의 이야기를 처음엔 다소 낯설고 생소하게 받아들였다. 하지만 이야기를 들을수록 그들의 눈빛은 점점 짠한 연민과 이해의 감정으로 바뀌어 갔다. 한 청년은 대화가 끝난 후 조심스레 말했다. "그동안 우리의 반공 교육이 너무 과장되었다고 생각한 적도 있었는데 오늘 그분들의 이야기를 들으며 마음이 아팠고 많은 것을 새롭게 깨달았습니다." 남북생애나눔대화는 이처럼 탈북민을 바라보는 남한 청년들의 오해를 풀어주고, 탈북민 청년에게는 남한에 대해 품고 있던 막연한 편견을 깨는 데에도 크게 기여했다.

모든 존재는 뿌리에서 비롯되고, 다시 뿌리로 돌아간다. 남북이 수십 년간 서로 다른 체제에서 다른 언어와 문화 속에서 살아왔지만 우리의 뿌리는 하나이다. 단군 할아버지를 공통의 조상으로 둔 한 민족임을 기억한다면 서로를 이해하고 포용하는 일은 결코 먼 미래의 이야기가 아니다.

남북 주민 간의 마음의 거리를 좁히는 일은 진정한 사회통합을 이루기 위한 핵심이자 초석이다. 그 거리는 제도나 정책보다 소통과 공감이라는 인간적인 연결을 통해 가까워진다. 오래된 우리 속담에 "이웃이 멀리 사는 사촌보다 낫다"고 했다. 자주 마음을 나누고 서로의 이야기에 귀를 기울이다 보면 공동체의 공기는 절로 따뜻해진다.

새조위가 지향하는 궁극적인 목표도 '마음의 거리'를 좁히는 데 있다. 탈북민들의 건강을 보살피고, 경제적 자립을 위한 일자리를 연결하며 그들이 속마음을 털어놓고 눈물과 웃음을 나눌 수 있도록 하는 모든 것들은 마음이 서로 가까워지게 하는 일이다. 마음이 옹기종기 모이면 모두가 다복하게 사는 따뜻한 세상이 된다. 누구나 살만한 세상의 출발점은 너와 나 사이의 거리를 좁히는 데 있다.

사람과 사람의 만남에는 언제나 예상치 못한 에피소드 몇 개쯤은 끼어들기 마련이다. 남북생애나눔대화도 예외가 아니었다. 직장인 참여자들을 배려해 주말에도 프로그램을 열었다. 어느 토요일 이른 아침이었다. 다급한 목소리의 전화가 걸려왔다. 예상치 못한 일이 벌어졌다는 신호였다.

"대표님, 큰일 났습니다. 프로그램에 참가한 탈북민들이 대화를 거부하고 모두 자리를 박차고 나갔습니다. 급히 좀 오셔야겠어요."

순간 머리가 하얘졌다. 무슨 일이 벌어진 것인지 알 수는 없었지만 상황이 심상치 않음을 직감했다.

"아이구, 이게 무슨 일이래요. 전문가 선생님께 말씀드려서 내가 도착할 때까지만이라도 그분들을 붙잡고 시간을 좀 끌어달라고 전해주세요."

나는 옷을 챙겨입고 부리나케 마곡동 남북통합문화센터로 향했다. 다행히 집과는 차로 20분 남짓 거리였다. 센터 1층 카페에 도착하니 전문가로 진행을 맡은 윤정화 박사가 참여자들과 함께 커피를 마시며 대화를 나누고 있었다. 급한 불은 꺼진 듯 보여 일단 안심이 되었다.

사건의 발단은 엉뚱한 데서 시작되었다. 남북한 출신 참여자 여섯 명이 오전 10시부터 오후 5시까지 하루 종일 삶의 이야기를 나누는 일정이었다. 다음 주에 한 번 더 만나기로 되어 있었다.

문제는 이야기 도중에 터졌다. 일반주민 한 분이 1997년 2월 15일에 발생한 이한영 피격 사건을 언급했다. 김정일의 처조카이자 북한 고위층 출신 탈북자인 이한영이 북한 요원에게 권총으로 피살당한 사건을 떠올리며 말했다.

"여러분도 이렇게 밖에 다니시는 게 위험하지는 않나요?"

염려 섞인 말이 탈북민 참가자의 심기를 건드렸다.

"왜 우리를 그런 사람들과 비교하느냐."

반발이 터져 나왔다. 탈북민들은 화내며 대화장을 떠나버렸다. 짧은 한마디가 그간 쌓여 있던 감정의 응어리를 건드린 것이다. 다행히 윤 박사의 중재로 서로의 오해는 점차 풀어졌다. 다시 모인 자리에서 그날 하루 종일 진솔한 이야기가 오갔다.

어쩌면 그날의 해프닝은 서로에 대한 무지에서 비롯된 것인지도 모른다. 마음을 다시 여니 달라졌고 대화가 끝날 무렵 그들은 함께 웃었다. 아침의 날 선 기운이 무색할 정도로 서로가 친해졌고 일반주민 참여자가 탈북민들을 차에 태워 집까지 데려다주었다. 차 안에서는 서로 "형님, 동생" 하며 호형호제하는 사이가 되었다.

그날의 에피소드는 나에게 깨달음을 주었다. 사람은 말로 마음을 다치고 말로 다시 관계가 회복되는 존재라는 것을 일러주었다. 우리는 서로 몰랐기 때문에 멀었던 것이지 본디부터 다르거나 멀게 태어난 존재가 아니다. 이해의 시작은 어렵지만 진심으로 다가가면 마음은 금세 가까워진다는 걸 확인한 날이었다.

가슴을 저미는 사연들도 많았다. 어느 날 대전에서 올라온 한 탈북민 여성이 울먹이며 조심스럽게 자신을 소개했다. 북한에는 누군가 먼 길을 떠날 때 일이 잘 풀리라고 삶은 달걀을 챙겨주는 풍습이 있다고 했다. 그녀가 떠나는 날 친정어머니가 어렵게 구한 달걀 한 개를 삶아 밥상 아래로 몰래 건넸는데 실수로 달걀이 또르르 굴러 아들의 발에 닿았다. 어린 아들은 그걸 먹겠다며 울고불고 소리를 질렀다. 삶은 달걀 한 알에 얽힌 절절한 이별을 회고하는 그녀의 말끝마다 눈물이 번졌다.

이야기를 듣던 한 일반주민이 말했다.

"난 아무리 힘들어도 혼자 잘 살겠다고 부모 자식을 버리고 오지는 않을 겁니다."

분위기가 순간 싸늘해졌다. 전문가는 사태 수습에 진땀을 흘렸다. 탈북이라는 선택이 단순한 이기심이나 개인적 욕망이 아니라고 설명했다. 생존의 경계에서 고뇌 끝에 내린 결단임을 다양한 사례를 들어가며 조심스럽게 풀어냈다. 그 여성은 자신이 경솔했다며 사과했고 식사 자리에서는 '언니, 동생' 하며 남북이 서로 웃으며 이야기를 나누었다. 며칠 후 열린 두 번째 만남에서 그녀는 작은 선물까지 건네주며 미안한 마음을 재차 전했다. 그렇게 마음은 천천히 녹았고 오해는 이해로, 낯섦은 친밀함으로 바뀌었다.

남북생애나눔대화를 진행하면서 나는 문득 펄 벅의 《딸아, 너는 인생을 이렇게 살아라》에 나오는 문장 하나가 떠올랐다.

"그와 겨루려고 하지 마라. 사랑하는 사람 사이에 누가 이기고 지는 문제는 없는 거란다. 사랑했던 사람이 싸운다면 그것만으로 둘 다 이미 패배한 거나 다름없단다."

이 말은 마치 남북생애나눔대화의 철학을 요약한 듯했다. 뿌리가 같은 민족은 가지가 달라져도 서로의 마음을 겨루지 말고 품고 안아주어야 한다.

대화는 상대를 품기 위해 내 품을 조금씩 넓히는 훈련이다. 자기의 주장을 내세우기보다 상대의 말에 귀 기울이는 것이 대화의 본질이다. 그런 점에서 통일부 남북통합문화센터의 첫 프로그램에 새조위가 참여해 3년간 성공적으로 운영한 남북생애나눔대화는 그 자체로 하나의 사회통합 훈련장이었다. 참여자 만족도는 97%에 달했다. 눈물과 웃음, 오해와 화해, 나눔과 포용이 함께한 시간들은 통일 이후 어떤 마음으로 함께 살아가야 할지를 실증적으로 보여주었다. 남북생애나눔대화는 새조위 통일운동의 소중한 시간이자 공간이었다.

그들 어깨에 작은 희망을

일자리는 생계를 위한 수단에만 그치지 않는다. 일터는 서로 어울려 사회를 배우고 더 큰 꿈을 설계하는 다목적 공간이다. "직장은 전쟁터이고 직장 밖은 지옥이다"라는 말은 결코 과장이 아니다. 삶을 버티기 위해 여기저기 일자리를 찾아 떠도는 게 현실이다. 자기 삶을 자기 손으로 책임질 수 있는 사람만이 진정한 자유를 누릴 수 있다. 탈북민들에게도 일자리는 남한 사회에 정착하는 데 있어 핵심 중의 핵심이다.

1990년대 중반, 북한 전역을 휩쓴 고난의 행군은 생존의 몸부림이자 재앙이었다. 식량 배급이 중단되고 굶주림이 일상화되면서 수많은 아사자가 생겨났고, 삶을 지키기 위해 국경을 넘는 이들이 점점 늘어났다. 그 참혹한 현실의 단면은 2009년 단 한 해에만 3천여 명의 탈북민이 한국에 입국했다는 사실에서도 여실히 드러난다. 탈북은 삶의 절박한 외침이자 지독한 고난의 아픈 증거였다.

당시 새조위는 주로 일반국민을 대상으로 통일교육을 하고 있었다. 그 무렵 나는 남북통일이 단지 머릿속 이상이나 정책의 목표에 머물러서는 안 된다고 판단했다. 현실 속 통일을 위해서는 우리 곁에 먼저 도착한 작은 통일, 즉 탈북민을 돕는 것이 통일운동의 진정한 출발점이라는 생각이 들었다. 새조위의 '북한이탈주민 적응지원센터'는 그렇게 만들어졌다. 일자리는 낯선 남한사회에 첫발을 디딘 탈북민들에게 주는 최고의 선물이다.

나는 일자리 찾아주기가 통일 예행연습이라고 믿었다. 북한이탈주민 정착지원사업은 한반도에서 서로 다른 체제와 경험을 지닌 사람들이 공존할 수 있도록 돕는 실천적 활동이다. 그 첫 단추는 바로 일자리였다. 새조위가 가장 먼저 착수한 일은 탈북민 개개인에게 맞는 일자리를 찾아주는 것이었다. 그들이 스스로 두 발로 서서 경제적 자립이라는 자신감을 회복할 수 있도록 돕는 것이 절실했다. 일터가 있어야 생활이 가능하고, 생활이 가능해야 비로소 꿈이 시작된다.

2000년대 초반까지만 해도 탈북민을 바라보는 남한사회의 인식은 그리 우호적이지 않았다. 모르면 오해가 생기고, 익숙하지 않으면 본능적으로 경계하거나 멀리하기 마련이다. 편견과 선입견은 그런 오해와 무지에서 비롯된다. 나 역시 통일운동이라는 길을 걷지 않았다면 탈북민들의 마음을 지금의 깊이로 헤아리지 못했을 것이다.

 탈북민들의 일자리 연계에는 여러 가지 벽이 앞을 가로막았다. 기업에 취업을 부탁하면 돌아오는 반응은 대개 비슷했다. "주민등록증은 있나요?" "혹시 문제가 생기면 책임은 누가 지나요?" "정부에서 신원은 보장해주나요?" 하나같이 의심과 불신이 섞인 질문들이었다. 탈북민들은 같은 대한민국 국민이지만 여전히 우리 안에 들어오지 못한 이방인처럼 취급되었다. 채용의 문턱에 들어서기도 전에 정서적 장벽부터 마주해야 했다.

 탈북민 취업을 위해 우리가 하는 일들은 단순히 이력서를 쓰는 요령을 가르치거나 면접을 준비시키는 것에 그치지 않았다. 기업의 대표부터 현장 실무자에 이르기까지 탈북민에 대한 이해를 이끌어내는 게 시급했다. 왜 탈북했는지, 어떤 삶을 살아왔는지 그리고 어떻게 지금 이 자리에 와 있는지를 공감하지 않으면 결코 취업 문을 열어주지 않았다. 철옹성 같은 오해의 벽을 낮추고 무너뜨리는 일은 생각보다 더 힘들었다. 그래도 주저앉지 않고 두드리고 또 두드렸다.

2000년대 초만 해도 북한에서 살던 이들이 어느 날 갑자기 우리 사회로 건너와 함께 살아갈 것이라고 상상하는 사람들은 많지 않았다. 탈북민을 우리 사회에서 함께 살아가는 공동체 구성원으로 받아들일 준비도 되어 있지 않았다. 한때는 나조차도 남북 사람들이 함께 사는 건 통일이 된 다음의 이야기라고 막연히 여겼다. 뉴스에서 가끔 나오는 귀순 용사가 전부였고, 그조차도 멀고 낯선 이야기처럼 느껴졌다. 그런데 어느 순간부터 우리 사회는 탈북민들과 같은 공간에서 숨 쉬며 같은 시간 속에서 살아가야 하는 현실을 마주하게 되었다.

누군가가 해야 할 일이라면 그 누군가가 바로 나여야 하고 우리여야 한다는 사명감이 생겼다. 의지만으로는 역부족이었다. 현장에 나가보면 예상치 못한 시행착오가 기다리고 있었다. 사고방식부터 일하는 습관, 시간 개념, 인간관계에 이르기까지 자본주의 사회를 살아가는 법 전반에 대한 이해가 필요했다. 남한과는 너무나 다른 북한의 시스템과 문화는 우리가 쉽게 넘지 못하는 높은 벽으로 다가왔다.

새조위가 탈북민들을 도와준다는 이야기는 생각보다 빠르게 입소문을 탔다. 어느 날부터인가 새조위 사무실에는 하루가 멀다 하고 탈북민들이 찾아오기 시작했다. 점심시간이면 자연스레 함께 식탁을 나누는 탈북민들이 다섯 명은 기본이었고,

어느 날은 스무 명 가까이 모여앉아 웃고 떠들며 밥을 먹은 날도 있었다. 새조위의 살림살이는 넉넉지 않았지만 사무실 문을 열고 들어서는 이들을 외면할 수는 없었다. 조금 부족하더라도 따뜻하게 맞이하고, 그들의 이야기에 귀 기울이고, 밥이라도 한 끼 함께 먹는 것이 우리가 할 수 있는 최선이었다. 밥상은 소박했지만 함께하는 자리에는 외로움과 불안 속에서 잠시나마 숨 돌릴 수 있는 사람 냄새가 났다.

나는 그들과 함께 밥을 먹으며 새로운 것들을 많이 알게 되었다. 탈북민들은 의외로 쇠고기나 매운 음식, 단 음식을 그다지 좋아하지 않았고 당시만 해도 커피를 마시는 사람은 거의 없었다. 그런 사소한 것 하나하나가 나에게는 새로움이자 배움이었다.

또 다른 바람도 있었다. 실향민이셨던 아버지의 고향 사람이 혹시 그들 중에 있을지도 모른다는 희망은 나를 설레게 했다. 북한에서 왔다는 말만으로도 나는 마음 깊은 곳에서 오래된 뿌리 하나가 버티고 있는 듯한 느낌을 받았다. 그들을 더 알고 싶었고 더 다가가고 싶었다.

새조위를 찾아오는 탈북민들의 모습은 대체로 비슷했다. 어둡고 까만 얼굴, 작고 마른 체구, 수수한 옷차림과 다듬지 못한 머리는 외형만 봐도 '북한에서 왔구나' 하고 짐작할 수 있었다. 더 마음 아픈 건 그들의 표정이었다. 특히 여성들의 눈가에는 눈물과 수심이 고여있고, 말에는 두려움과 불안이 묻어났다. 말을 아끼면서도 무겁게 쌓인 사연을 털어놓을 때는 눈물부터 흘렸다. 그런 그들에게 내가 당장 해줄 수 있는 건 많지 않았다. 다만 손을 꼭 잡고 함께 울어주는 게 전부였다.

"힘내세요. 언제든 다시 오세요. 여기를 친정이라 생각하세요."

나의 말 한마디에 표정이 조금은 누그러지는 걸 보면서 마음먹었다. 그들 곁에서 아픈 마음을 어루만져주고 함께 울어주자고.

탈북민들을 위한 일은 누가 시켜서 한 것도 아니었고, 누군가가 알아달라고 시작한 것도 아니었다. 내 안에서 멈추지 않고 울려 퍼지는 사명이라는 울림을 따랐을 뿐이다.

이 일을 하면서 나도 곳곳에서 상처를 입었다. 억울한 재판을 받은 적도 있고 도무지 말도 안 되는 오해를 뒤집어쓴 적도 한두 번이 아니었다. 이상하게도 그럴 때마다 내 마음은 더 단단해졌다. 어떤 순간에도 그들을 포기할 수 없다는 생각이 나를 붙잡아주었다. 기자나 방문객이 와서 탈북민 이야기를 해달라고 하면 나도 모르게 눈물이 앞섰다. 그들의 삶을 전할 때마다 그들의 아픔이 곧 내 아픔처럼 느껴졌다.

이제는 눈물도 말랐다. 너무 많이 울어서일까. 아니면 아픔을 말하는 것이 너무 익숙해진 탓일까. 요즘은 담담하게 이야기하지만 그 담담함 속에는 여전히 흔들림 없는 다짐이 살아있다. 나는 오늘도 그들의 손을 잡고 있고, 내일도 그렇게 살고 싶다.

새조위는 2005년부터 2년 동안 통일부 산하 안성 하나원과 협력하여 탈북민 교육생들을 대상으로 산업체 현장학습 견학 프로그램을 운영했다. 남한사회에 대한 이해가 부족한 그들에게 자본주의 체제의 실체를 보여주고, 남한사회가 돌아가는 방식을 피부로 느끼게 해주기 위한 실천적 교육이었다. 선택한 현장들은 주로 그 시대를 대표하는 기업들이었다. 서울우유의 생산 공장, 최첨단 기술이 구현되는 하이닉스반도체(현 SK하이닉스) 그리고 정보통신 분야의 연이정보통신회사 등을 직접 방문해 자본주의 내부를 둘러봤다. 그곳은 단지 산업시설이 아니라 이 사회를 움직이는 동력의 실체였고, 자본주의의 속살을 보여주는 귀중한 배움의 공간이었다.

당시 남한사회에서는 소비자를 대상으로 하는 기업의 공장 견학 프로그램이 유행처럼 확산되고 있었다. 우리도 그 흐름에 맞춰 탈북민 교육생들에게 다양한 기회를 제공하려고 이곳저곳 기업들을 수소문해 탈북자들과 연결시켰다.

첫 방문 날, 기계가 쉼 없이 돌아가는 공장 내부를 둘러보며 한 교육생이 "우와, 이게 진짜 사람이 일하는 곳입니까?"라고 감탄하며 물었던 장면이 아직도 생생하다. 첨단 기술과 체계적인 공정 속에서 질서정연하게 움직이는 사람들의 모습을 본 교육생들은 하나같이 놀라워했다. "저도 이런 회사에 다닐 수 있을까요?"라는 질문에 왠지 모르게 가슴이 찡해졌다. 그들의 눈동자에 반짝이던 희망의 불빛이 내 마음을 울렸고 이 일을 정말 잘 시작했다는 생각이 들었다. 기업 견학은 '꿈'이라는 씨앗 하나를 심어준 귀중한 시간이었다.

당시 경기도에 위치한 한 전자회사의 총무과 직원 두 명이 매달 새조위를 찾아오곤 했다. 그들은 직접 탈북민들을 만나 인터뷰하고, 인성과 태도 등을 살핀 후 채용까지 해주었다. 회사와 탈북민 사이에 다리가 되어준 것이다. 이러한 작은 연결이 반복되면서 탈북민들이 사회에 첫발을 내딛는 출구가 하나 둘씩 열리기 시작했다.

오랜 시간이 흘렀어도 일자리 찾아주기에 얽힌 몇몇 이야기는 어제 일처럼 또렷이 기억에 남아있다. 탈북민 남성 한 명을 경기도 이천의 한 벽지회사로 직접 동행해 면접을 보러 간 일이 있었다. 서울 천호동쯤을 지나는데 그가 갑자기 고개를 돌려 조심스럽게 입을 열었다. "선생님, 제가 이력서에 적은 주소와 전화번호는 모두 거짓입니다. 그런데 직접 저를 데리고 면접까지 가는 걸 보니 새조위가 정말 믿을 수 있는 조직이라는 생각이 들었습니다. 진심으로 죄송합니다." 갑작스런 고백에 당황스러우면서도 이곳에서조차 자신의 신분을 숨기기 위해 가짜 정보를 쓸 수밖에 없는 그의 상황이 너무도 안타까웠다. 두려움과 불신 속에서 자신을 지켜야 했던 그 현실이 가슴 아프게 다가왔다.

일곱 명의 청년을 데리고 경기도 파주에 있는 중소기업으로 면접을 보러 간 일이 있었다. 면접은 그들이 처음 인생의 문을 두드리는 순간이었기에 예절과 태도, 예상 질문들까지 미리 알려주며 긴장된 마음을 다독였다. 회사에 도착해 면접 대기실에서 모두가 면접관을 기다리고 있었다. 함께 온 20대 초반의 한 청년이 갑자기 핸드폰을 들고는 굳은 얼굴로 급히 밖으로 나갔다. 당황한 나는 그를 따라 나가 어깨를 툭 치며 말했다.

"지금 뭐 하는 거야? 곧 면접 시작인데. 전화는 나중에 해도 되잖아."

"저, 지금 북한에 있는 엄마랑 통화 중인데요."

청년은 핸드폰을 살짝 들이밀며 조용히 대답했다. 나는 할 말을 잃었다. 탈북민들이 북한 가족과 연락을 주고받는 현실을 제대로 알지 못했다.

"괜찮아. 면접관에게 이야기해줄 테니 어머니랑 통화 잘 마치고 들어와."

그의 등을 토닥여 주니 굳은 얼굴에 살짝 안도의 빛이 떠올랐다. 그 청년과의 인연은 그날로 끝나지 않았다. 처음 주선한 회사는 얼마 못 가 그만두었지만 이후에도 두세 번에 걸쳐 다른 직장을 알선해 주며 그의 발걸음을 함께했다.

몇 해가 흘렀을까. 그가 다시 나를 찾아와 조심스럽고도 간절한 얼굴로 말했다. "처음 다녔던 회사로 다시 가고 싶습니다." 그 회사를 다시 연결해주지는 못했지만, 중고차 딜러로 일하며 꽤 큰돈을 벌었다고 했다. 눈물겹도록 장한 것은 그 돈으로 북한에 계신 어머니를 모셔왔다는 사실이었다. 면접장 대기실에서 그리운 목소리를 한번이라도 더 듣고 싶어 눈물로 통화를 나누던 어머니를 남한으로 모셔온 것이다. 대견하고 또 대견한 청년이었다. 의지할 데 없는 막막했던 땅에서 하나씩 현실을 딛고 마침내 소중한 가족을 되찾은 그의 이야기는 우리가 하는 이 일이 결코 헛되지 않았다는 사실을 다시금 깨닫게 해주었다.

어떤 청년은 회사에 잘 보이겠다며 양복을 입고 출근했는데 막상 작업복을 받지 못하자 섭섭한 마음에 투덜대며 회사 분위기를 흐리기도 했고 또 어떤 청년은 기계를 돌리다 잠깐 바람을 쐬러 나가 담배를 피운 것이 잘못이냐며 억울해했다. "북한에선 이런 거 못 먹어봤지?"라는 사소한 말 한마디에 욱한 청년은 싸움 끝에 경찰서까지 가게 되었고 결국 회사를 그만두고 말았다. 급여에서 공제되는 세금의 개념을 이해하지 못해 약속한 돈을 덜 받았다며 분통을 터뜨린 일도 부지기수였다. 그럴 때마다 나는 조곤조곤 설명하고 달래 그들을 남한사회 속으로 한 걸음 더 데려오기 위해 노력했다.

문화는 오랜 세월을 거치며 쌓은 사회적 약속이자 집단의 기억이다. 분단의 시간이 길어질수록 그 약속은 서로 다르게 각인되고 익숙함 대신 낯섦이 더해지며 갈등을 빚기도 한다. 통일은 지리적 경계의 해제만이 아니라 마음과 삶의 경계를 허무는 일이어야 한다고 믿는다. 단절된 문화의 간극을 좁히는 데는 시간이 오래 걸린다. 내가 하루라도 빨리 통일되기를 간절히 바라는 이유다.

세상에서 가장 귀한 일은 사람을 살리는 일이다. 삶의 깔딱고개에서 주저앉은 사람에게 손을 내밀고, 절망의 벼랑 끝에 선 이에게 조그마한 희망의 등불을 비추며 다시 꿈을 꾸게 해주는 일이야말로 이 세상에서 가장 가치 있는 일이다. 새조위를 통해 만난 수많은 탈북민들은 처음에는 빈곤이라는 굴레에서 벗어나지 못한 채 남한사회의 낯선 풍경 속에서 방황했다.

지금은 부지런히 살아가며 경제적으로 큰 성취를 이룬 사람들이 많아졌다. 그들의 당당한 모습에 감격하기도 하고 격세지감을 느끼기도 한다.

나는 오늘도 꿈을 꾼다. 통일의 날이 오면 지금 한국에서 기업가, 자영업자, 근로자로 성공적인 삶을 살아가고 있는 탈북민들이 고향 땅으로 돌아가 북한 경제를 일으키고 변화의 선봉에 설 날이 하루 빨리 오기를 간절히 소망한다. 그들이 걸어온 길이 헛되지 않았음을 훗날 북녘의 가족과 친구들에게 몸소 보여줄 날이 어서 오기를 기도한다. 나의 사명은 고통 속에 살아가는 북한 주민들이 자유롭고 풍요롭게 살아갈 수 있도록 돕는 일이다. 그 길이 여전히 멀고 험하지만 내가 선택한 이 발걸음은 내일도 멈추지 않을 것이다.

부치지 못한 고향 편지

여기 배달되지 않을 절규의 편지 갈피갈피에는 함께 눈물을 삼키지 않을 수 없는 애기들이 알알이 박혀 있습니다. 처음에는 사무치는 마음을 엿보는 게 무슨 도움이 될까 싶어 망설였고, 그들의 아린 가슴을 드러내게 하는 게 두렵기도 했습니다. 하지만 편지 하나하나를 읽을 때마다 새조위는 뉘우침과 다짐 그리고 이들에게 뭔가 길이 없을까, 길을 만들어줄 방법은 없을까를 곰곰이 생각하게 되었습니다. 우리는 길이 있음을 알고 있습니다. 무릇 사람이 묶은 일치고 사람이 풀지 못할 일은 없음을 알기 때문입니다.

북녘고향으로 보내는 편지 모음집 《고향마을 살구꽃은 피는데》에 나오는 취지문의 일부이다.

새조위는 2004년부터 10년 동안 '북녘고향으로 보내는 편지' 공모사업을 이어왔다. 고향을 그리워하는 탈북민들이 가슴 깊이 맺힌 한(恨)과 전하지 못한 말을 글로 적으며 조금이나마 마음의 치유가 되리라는 믿음에서 시작된 일이었다. 그렇게 모인 편지는 어느새 1천 통을 훌쩍 넘었다.

해마다 40여 편을 우수작으로 선정해 시상했고, 수상작 모음집은 회원들에게 나누어주어 탈북민을 이해하는 소중한 교재로 삼았다. 특히 처음 5년간의 수상작을 엮어 단행본 《고향마을 살구꽃은 피는데》를 펴냈는데 이는 일반주민들이 탈북민들의 아픈 사연을 이해하고 그들을 대하는 시선과 태도가 바뀌기를 바라는 '마음의 계몽서'이기도 했다.

나는 편지를 심사위원들에게 전달하기 전에 한 편 한 편 모두 읽어본다. 그 편지들을 읽으며 참 많이 울었다. 원래 눈물이 많은 편이지만 그렇지 않은 사람이 읽어도 절로 눈물이 날 만큼 가슴이 멍한 사연들이 빼곡하다. 편지를 읽고 있는데 직원들이 "대표님, 점심 식사하러 가시죠!" 하면 목이 메어 대답을 못할 때가 많았다. 내 방문이 바로 열리지 않으면 밖에서 설립자의 농담 섞인 목소리가 들려왔다.

"니네 대표 또 우나 보다."

편지를 읽는 기간에는 점심을 거르는 날도 적지 않았다. 그렇게 울고 또 울며 보낸 시간이 어느새 10년간의 연례행사가 되었다.

눈물은 아픔의 물방울이자 치유의 물방울이다. 아픈 사람 곁에서 함께 울어주는 이가 있다는 건 삶이 주는 큰 축복이다. 한참을 울고 나면 오히려 내가 가야 할 길과 사명이 더 또렷해진다. 공감과 이해는 머리보다 가슴으로 해야 깊고 넓어진다. 머리를 맞대면 지혜로 길이 열리고 가슴을 맞대면 온기로 그 길이 훈훈해진다.

편지 중에는 부모에게 쓴 것이 가장 많았다. 그다음은 자식, 친척 그리고 지인에게 보내는 편지였다. 연령대도 다양해 초등학생의 동글동글한 글씨부터 인생을 절반 넘게 살아온 이들의 묵직한 문장까지 있었다. 편지의 마지막은 대개 이렇게 끝났다.

"죽지 말고 살아남아, 통일되면 우리 다시 만나자." 살아남아야 하는 이유가 '다시 만나는 것'이라는 사연보다 애절한 것이 또 있을까.

처음에는 대부분 손편지였지만 이곳에서 컴퓨터를 배우면서 해가 갈수록 한글 파일로 작성해 이메일로 보내는 이들이 늘어났다. 어떤 이는 사진을 동봉하기도 했다. 아마 우리가 그 편지를 북한으로 직접 전달한다고 생각한 모양이다. 그 마음을 알기에 나는 한 장 한 장을 가슴으로 읽었다.

부모님을 그리는 편지를 다시 옮겨 본다.

하늘에서 보고 계실 아버지께

너무나 보고 싶고 그리운 '아버지'를 목메여 불러봅니다. 제가 북한을 떠나 남한에 온 지도 벌써 4년 하고도 3개월이 지나갑니다. 어느 한순간도 잊을 수 없고, 그 이름을 떠올리면 벌써 코가 찡하고 눈물이 앞을 가리며 추억의 고향으로 이 마음 달려갑니다.
아버지, 제가 떠나온 그날을 잊을 수가 없습니다. 그날이 아버지와 저의 마지막이 될 줄 정말 몰랐습니다. 중국으로 갈 거라고 힘들게 아버지께 말씀을 드렸을 때 한동안 말을 잃으셨던 아버지는 '너희가 없으면 나는 오래 못 산다'고 하셨지요. 그러고는 온밤을 뜬눈으로 담배만 태우시던 아버지 모습을 잊을 수가 없습니다.
그렇게 아버지와 이별 아닌 이별을 하고 눈물의 두만강을 건너 남한에 오기까지 2년이 걸렸습니다. 이후 아버지를 남한에 모셔 오려고 인편을 보내기도 했습니다. 하지만 휴대폰에서 들려오는 동생의 떨리는 목소리에 불안했습니다.
"지금 아버지 산소야."
울먹이는 동생의 목소리를 듣고는 하늘이 무너지고 땅이 꺼지는 기분이었습니다. 너무나 건강하시고 감기 한 번 앓지 않으시던 아버지가 돌아가시다니 믿을 수 없었습니다. 그렇게 가시려고 떠날 때 저를 그리도 붙잡으셨나요?

아버지께 너무나 죄송하고 후회막심합니다. 효도라고는 아직 시작도 해보지 못했는데 이렇게 빨리 돌아가실 줄 꿈에도 생각지 못했습니다. 일찍이 어머니를 먼저 하늘나라로 보내시고 홀로 우리 4남매를 키우시며 고생이 많으셨던 아버지, 아버지를 보내고 목메어 불러본들 무슨 소용이 있겠습니까?

불효한 이 딸을 아버지 너그럽게 용서해주세요. 아버지 고맙습니다. 저를 낳아주셔서… 그리고 제 인생에 있어서 든든한 버팀목이 되어주셔서 고맙습니다. 제가 가장 행복했던 순간은 북한에서 아버지와 함께했던 시간들이었습니다. 그 행복했던 시간들을 생각하며 통일될 그날을 앞당기기 위해 대한민국의 한 일원으로서 동생들 앞에 떳떳이 나설 수 있게 최선을 다해 열심히 살 것입니다.

사무치게 보고 싶은 그리운 아버지!

아버지 사랑합니다. 그리고 보고 싶습니다. 대한민국에서 딸이 보냅니다.

부모님을 간절하게 그리며 눈물로 썼을 또 한 통의 편지를 일부 옮겨본다.

불러도 불러도 대답 없는 어머니를 또다시 불러봅니다. 자나 깨나 사무치게 그리운 아버지를 불러 봅니다. 꿈에서라도 보고 싶은 부모님, 이 불효자식은 그리운 부모님을 가슴에 깊이 품고 다닙니다. 베풀어주신 은혜 잊지 않으려고 저녁마다 가슴 안을 들여다봅니다. 불효자식 걱정은 하지 마시고 언제나 건강하십시오. 통일되는 첫날에 달려가 그리운 부모님을 뵙겠습니다.

부모와 자식의 인연은 천륜(天倫)이니 동서고금을 막론하고 하늘 아래 어디서나 같다. 탈북민들은 대한민국에서 자유를 누릴수록 자유가 억압된 땅에 사는 부모님을 더 그리워한다. 좋은 복지시설을 볼 때도, 맛있는 음식을 입에 넣을 때도, 그 마음은 곧장 부모님께로 달려간다. 서로 안부를 전하지 못한 채 이별의 세월이 길어지면 부모님의 생사조차 알지 못한다. 하늘에 계실지도 모르는 부모님께 편지를 쓰는 자식의 마음은 얼마나 애틋할까.

부모의 마음을 헤아리기에 탈북민들은 편지 속에서 남한사회의 넉넉한 삶을 조심스레 전하며 아버지와 어머니를 안심시키려 한다.

"여기서는 강아지도 쌀밥을 먹습니다."

이 문장을 읽다가 가슴이 막혀 창밖을 내다보며 한참을 움직이지 못했다.

자식을 그리는 부모의 마음 또한 애절한 사연이다.

사랑하는 내 딸 윤옥아! 꿈속에서도 너를 잊을 수가 없구나. 며칠 전에는 네 손을 잡고 길을 가는데 네가 갑자기 사라져 길가에 주저앉아 통곡을 했다. 아무 일 없지? 엄마는 여기서 철없이 잘 입고 잘 먹고 있다. 그래도 네가 곁에 없으니 모든 게 덧없고 가슴만 아프구나. 맛난 걸 먹어도, 좋은 걸 입어도 늘 내 딸 윤옥이뿐이다….

자식을 남겨두고 홀로 탈북한 부모의 심정을 어찌 글로 온전히 옮길 수 있을까. 그들이 누리는 자유의 절반 이상은 자책으로 차 있다. 행복할수록 자식을 그리워하고 미안해한다. 나는 탈북민지원사업을 하면서 보통 사람들보다는 그 아픔을 조금 더 가까이에서 들여다볼 기회가 있었다. 밥을 먹다 울컥 눈물을 쏟는 이들, 집단상담 중 자식 이야기를 꺼내다 온몸이 마비되듯 쓰러지는 교육생도 있었다.

사람이라면 누구나 가슴속에 몇 개쯤의 아픈 사연을 품고 산다. 그러나 그 사연들은 마음으로 깊이 들여다보지 않으면 보이지 않는다. 마음을 쓴다는 건, 내 마음으로 다른 이의 마음을 들여다본다는 뜻일 것이다.

10년 동안 '북녘고향으로 보내는 편지'를 읽으면서 마음이 무거웠다. 받을 수 없는 편지를 써야 한다는 사실이 그들의 가슴뿐 아니라 내 마음까지 짓눌렀다. 그 무게는 곧 내가 감당해야 할 사명의 무게이기도 했다.

편지를 보낼 수도, 받을 수도 없는 비극적 운명의 안타까움이 날카롭게 가슴을 찔렀다. 만남과 헤어짐이야 자연의 순리라지만 생사조차 알지 못하고 다시 만날 길조차 없는 심정을 어찌 글로 다 표현할 수 있으랴. 가족은 세월이 아무리 흘러도 잊히지 않는다. 인생의 한 장면 한 장면 중에서도 마지막 장면이 가장 또렷하게 남는다. 탈북민들의 가슴에는 그 아픈 헤어짐이 지워지지 않는 상처로, 평생의 그림자로 남아 있다.

삶은 다층적이다. 양파처럼 한 겹 또 한 겹 껍질을 벗기면 그 안에서 조금 다른 색과 조금 다른 맛이 드러난다. 공감과 이해도 그렇다. 눈으로만 보면 그 깊이는 표면에만 머문다. 마음이 없으면 봐도 보이지 않고, 들어도 들리지 않는다고 했다. 걸어가는 길이 어둑해질 때마다 이 말을 가슴에 새기며 내 마음과 귀를 흔들어 깨운다.

탈북민들이 북한을 떠나기 시작한 지도 어느덧 30여 년의 세월이 가까워 온다. 이젠 이곳에서 돌아가시는 분들도 증가하고 있다. 그분들이 나의 아버지처럼 한을 가슴에 안은 채 하늘나라로 가지 않기를 간절히 기도한다.

3장

손잡고 외치는 통일

언젠가 또다시 뜨거운 함성으로 광장을 달굴
'통일축제'를 꿈꾼다.

희망을 싣고 달린 통일열차

상상력이 없었다면 인류는 아직까지도 '원시'라는 야만의 숲을 벗어나지 못한 채 방황하고 있을 것이다. 우리가 오늘날 누리는 문명과 기술, 자유와 풍요 역시 상상이라는 보이지 않는 씨앗에서 비롯된 것이다. 상상은 꿈의 시작이며 꿈은 미래를 여는 열쇠다. 상상력은 꿈의 이웃이자 영혼의 동반자이다. 그것이 메마르는 순간 꿈도 시들고 삶도 생기를 잃어버린다.

나는 언제나 상상 앞에 어떤 장벽도 세우지 않고 많은 시간을 할애한다. 상상은 현실을 넘어설 수 있는 유일한 도약의 발판이기 때문이다. 그러하기에 현실이 녹록지 않을수록 상상에는 더 한계가 없어야 한다.

새조위의 '통일열차'는 이러한 믿음으로 시작된 프로젝트였다. 그것은 행복한 상상에서 탄생한 하나의 꿈이었고, 상상이 실현될 수 있다는 희망을 담은 창조의 결정체였다. 통일의 꿈을 가득 실은 이 열차는 상상의 궤도를 따라 부산을 출발해 평양을 지나 두만강을 건너고, 러시아 블라디보스토크를 거쳐 유럽의 런던까지 달리는 여정으로 그려졌다.

통일열차는 단순한 철도의 이미지가 아니다. 분단을 극복하고 미래로 나아가는 상상의 여정이자 우리 안에 잠든 통일의 염원을 일깨우는 꿈의 상징이었다. 경계를 허문 상상 속에서만 가능한 이 여정은 언젠가 우리가 현실 속에서도 함께 달려갈 수 있기를 바라는 간절한 마음에서 비롯되었다.

나는 지금도 그 꿈을 포기하지 않는다. 상상은 언젠가 현실이 되고, 상상 속에서 먼저 달린 이 열차는 머지않아 진짜 궤도를 따라 달릴 것이라고 믿는다. 그날이 빨리 오기를 고대하며 오늘도 상상의 열차에 몸을 싣는다.

"뿌~~~웅, 이번 역은 신의주, 신의주 역입니다. 대륙횡단 열차를 탑승하실 승객께서는 7번 게이트를 이용해 주시기 바랍니다."

귀에 익숙한 이 안내 방송은 새조위가 운행하는 상상의 통일열차가 힘차게 출발하는 순간을 알리는 장면이다. 그 열차는 마음속 깊이 염원을 실은 채 분단의 장벽을 넘어 대륙으로 나아가는 꿈의 상징이다. 상상의 무대 위에서 시작된 이 통일열차는 현실의 경계를 허물고 언젠가 다가올 미래를 향해 힘차게 달려간다.

나는 아침이면 습관처럼 라디오를 틀어놓고 하루를 시작하곤 했다. 그것은 내 삶에 오래도록 배어든 일상의 의식이었고 세상과 연결되는 작은 창이기도 했다. 2010년 3월 초쯤으로 기억한다. 라디오를 통해 페이스북이라는 단어를 처음 들었다. 유행처럼 번지고 있는 사회관계망서비스라는 말에 호기심이 생겨 바로 계정을 만들었다.

페이스북이 나의 활동과 소통 방식에 얼마나 큰 변화를 가져올지 그때는 미처 알지 못했다. 페이스북은 상상의 통일열차가 마음속을 달리고, 디지털 세상이 또 다른 세계로 나를 이끌기 시작한 출발점이었다.

삶은 그 자체로 하루하루를 새롭게 빚어가는 창조의 연속이다. 《신과 나눈 이야기》의 저자 닐 도날드 월시는 창조의 여정을 세 단계로 설명한다. 첫 번째는 '생각'이다. 모든 것은 생각에서 시작되며 그 생각은 구체적으로 시각화될 때 비로소 방향을 갖는다. 두 번째는 '말'이다. 말은 밖으로 드러나는 생각으로, 내면의 이미지보다 훨씬 더 역동적이고 강한 에너지를 품는다. 마지막 세 번째는 '행동'이다. 행동은 움직이는 말로, 입으로 하는 말보다 훨씬 더 직접적으로 현실을 바꾸는 힘을 지닌다. 결국 창조는 생각을 말로 표출하고, 그 말을 실천하는 과정에서 비로소 완성된다.

나는 이론보다는 현장을 중시하고, 현실의 해답은 책상 위가 아니라 현장에 있다고 믿어왔다. 새조위의 다양한 프로젝트도 책이나 회의실 안에서만 머무르지 않았다. 시작은 고민 끝에 출발하지만 그것을 현실로 만든 건 빠르게 움직이는 발걸음이었다.

'생각은 신중히 발은 빠르게.'

이는 나의 생활 철학이자 지금까지 살아온 방식이며 앞으로도 지켜나갈 나의 소신이다.

페이스북을 통해 물리적 경계를 뛰어넘어 수많은 사람들과 만날 수 있다는 사실이 무척 신기하게 느껴졌다. 그 가능성을 마주한 순간, 나는 이 플랫폼이 새조위의 통일운동에도 훌륭한 소통의 도구가 될 수 있을 거라는 확신이 들었다. 2010년 12월 5일은 내 머릿속에 뚜렷이 각인된 날이다. 그날 행주산성 근처에서 페이스북을 통해 알게 된 또래 친구들과 점심을 함께하며 통일운동의 저변을 어떻게 넓힐 수 있을지 이야기를 나누게 되었다. 대화 도중 누군가 페이스북에 그룹을 만들어보라는 제안을 했고, 나는 그 자리에서 '굿 아이디어'라며 무릎을 탁 쳤다. 곧바로 다음 날 '통일열차'라는 이름의 비공개 그룹을 만들었다. 음식점 작은 테이블 위에서 시작된 아이디어는 그렇게 새로운 통일 소통의 플랫폼으로 첫걸음을 내디뎠다.

당시 그룹의 공개 여부를 두고 꽤 진지한 토론이 오갔다. 남북통일은 우리 민족의 숙원이자 반드시 해결해야 할 시대적 과제였지만 이를 바라보는 시선은 쉽게 하나로 모아지지 않았다. 의견은 다양했고 때로는 날카롭게 대립하기도 했다. 나는 생각을 정리했다. 온라인 공간에서 서로 다른 견해를 조율하느라 소모적인 논쟁에 에너지를 쏟기보다는 오프라인에서 같은 뜻을 가진 이들이 먼저 손을 맞잡고 통일운동의 불씨를 더 빠르게, 더 널리 확산시키는 것이 옳은 길이라고 판단했다. 다양한 생각들을 주고받은 끝에 결국 우리는 비공개로 의견을 모았다.

통일열차 오프라인 첫 모임은 2011년 1월 20일에 열렸다. 온라인에서 이미 교류하고 소통해온 덕분에 처음 만나는 자리임에도 전혀 어색하지 않았다. 오히려 오래된 친구처럼 반갑고 분위기도 따뜻했다. 우리는 통일운동에 대한 진지한 열정을 품고 있었고, 그것이 모임을 단숨에 하나로 묶어주었다.

첫 모임에서 우리는 '통일열차 출발합니다!'라는 구호를 힘차게 외치며 모임의 상징을 세웠다. 참가자 모두가 하나의 객차가 되어 통실, 일실, 열실, 차실, 출실, 발실, 한실, 다실 등의 이름으로 객실을 나누고 그 안에서 각자의 방식으로 통일을 사유하고 느껴보았다. 각 객차는 각기 다른 관점과 상상을 담은 통일의 공간이었다.

통일을 향한 마음을 모아 출범한 통일열차 그룹에는 미국, 일본, 그리스, 태국 등지에서 활동하는 재외동포들을 포함해 총 225명이 함께했다. 직업도, 살아가는 방식도 달랐지만 통일이라는 하나의 이름 아래 모두 마음을 모았다. 우리는 1년에 7차례 정기 오프라인 모임을 열었고, 그 외에도 다양한 소규모 만남을 통해 서로의 마음을 나누며 통일을 주제로 깊은 대화를 이어갔다. 온라인 공간을 넘어 사람과 사람이 마주 앉아 얼굴을 보며 서로 통일의 진심을 다졌다.

탑승객이 중간중간 바뀌었지만 통일에 대한 관심과 열정은 통일열차가 달릴수록 더욱 뜨거워졌다. 나는 힘차게 달리는 통일열차를 보면서 사람들의 마음속에는 이미 통일이라는 씨앗이 잠재되어 있다는 것을 알았다. 누군가 먼저 용기 있게 손을 내밀며 함께 가자고 외칠 때 비로소 내면의 생각이 밖으로 꽃을 피운다.

앞장서서 돌진을 외치는 사람이 없는 싸움은 백전백패다. 우리는 그렇게 누군가의 용기가 또 다른 이의 열정을 이끌어내는 현장을 만들어갔다. 머리를 맞대고 통일운동을 확산할 방법을 고민했고, 탈북민들의 안정적 정착을 위한 실질적인 지원 방안도 함께 모색했다. 오프라인에서는 통일의 상징성이 깃든 장소들을 찾아다니며 몸으로 마음으로 그 의미를 되새겼다.

시민단체에 가장 고마운 분들은 후원자와 행사 때마다 빠짐없이 참석해 함께 걸어주는 사람들이다. 그들이 있기에 통일열차는 멈추지 않고 달릴 수 있었다. 관리자 임성길, 승무원 신소영, 총무 김미진 하영현 등은 15년이라는 세월 동안 변함없이 통일열차의 기관실을 든든히 지켜주었다. 이들은 단순한 구성원이 아니라 통일열차를 움직이는 엔진이었다.

목적지는 같을지라도 그 길에 이르는 방법은 저마다 다르다. 통일로 향하는 여정 또한 마찬가지다. 국가가 해야 할 몫이 있고 국민이 감당해야 할 역할이 있다. 당시 통일부는 통일 준비 공론화 사업을 중심으로 교육계, 학계, 시민단체, 정·재계 등 사회 전 분야와 손잡고 통일의 필요성과 당위성을 널리 알리는 데 주력하고 있었다. 정부의 통일정책이 제대로 추진되기 위해서는 단단한 국민적 공감대와 뒷받침이 있어야 했다. 위에서 끌어당기는 힘만으로는 부족하다. 아래에서 밀어올리는 힘이 함께해야 진정한 변화가 일어난다.

나는 그 국민적 에너지의 일부가 되고 싶었다. 미약하더라도 통일열차의 시동을 먼저 걸고 작은 힘이라도 보태고자 했다.

통일열차의 노선은 지리학적 타당성이나 현실적 제약에 얽매이지 않았다. 상상과 희망이 끌고 가는 꿈의 열차이기에 목적지는 이성보다는 가슴이 결정했다. 마음이 향하는 곳이라면 국경도 장벽도 없었다. 평양도 백두산도 신의주도 나진선봉도, 더 나아가 만주벌판과 시베리아를 지나 유럽의 끝 런던까지도 우리의 노선에 포함될 수 있었다. 그것은 단지 상상의 여정이 아니었다. 언젠가 현실로 다가올 미래의 경로를 미리 그려보는 뜨거운 바람과도 같은 시작이었다.

객실마다 열띤 토론이 시작되었다. 각자의 꿈과 상상을 펼쳐내며 색색의 노선지도가 테이블 위에 그려졌고, 발표가 시작되자 모두가 일제히 핸드폰을 열어 지도를 검색하는 진풍경이 펼쳐졌다. 대부분은 중고등학교 시절 지리 시간 이후 처음으로 북한 지도를 들여다본다고 했다. 낯설면서도 익숙한 땅의 이름들을 오랜만에 다시 입에 올리기도 했다.

부산역에서 출발한 열차는 서울역을 거쳐 평양역에 이른다. 열차 안에서 우리는 오랜 세월 헤어졌던 사람들과 마주 앉아 하룻밤을 꼬박 새우며 이야기를 나눈다. 다음 날 열차는 다시 힘차게 블라디보스토크를 향해 달려가고 우리는 그곳에 서린 독립운동의 흔적과 발해의 유적을 돌아본다. 연해주에선 동포들을 위한 위문공연도 펼친다.

얼마나 달콤하고 찬란한 상상인가. 국경과 이념이 막아놓은 길 위에, 마음으로 먼저 놓아본 이 노선은 언젠가 우리가 반드시 달려야 할 길이 되리라 믿었다. 통일열차는 누군가의 머릿속에서 출발해 모두의 가슴으로 질주하고 있었다.

"너희들은 아느냐, 허리 잘린 호랑이의 슬픔을."

어릴 적 내가 그린 반공 포스터의 제목이다. 지금 돌이켜 보면 마치 훗날 내가 걸어가야 할 길을 어렴풋이 예감한 듯한 느낌이 든다. 살아오면서 가끔 예지력이 있다는 말을 듣기도 했지만 당시 어린 초등학생이 품었던 분단 이미지는 그저 북한 사람들을 궁금해 하는 호기심에 가까웠다. 막연히 북한 사람들의 얼굴이 붉고 무서울 거라고 상상하며 반공 포스터를 그렸다. 분단국가의 아픔을 가슴으로 받아들이기에는 너무 어린 나이였다.

2011년 10월, 통일열차의 역장들을 임명하는 자리에선 가슴 깊은 곳에서부터 벅찬 감동이 올라왔다. 역장 임명은 통일된 훗날 지인들과 북녘땅 곳곳으로 달려가 지역사회 발전을 위해 헌신하는 봉사의 서막이었다. 평양역장, 안주역장, 청진역장, 개성역장을 포함한 30명의 역장들이 한 명 한 명 이름이 불리며 임명되었다. 이후에는 북한 각지로 역장단을 점차 확대해 나갈 계획이었다. 우리는 이 거대한 꿈을 더욱 실감나게 하기 위해 '통일열차 승차권'을 직접 제작하여 배포하는 행사도 가졌다. 이 과정에서 한 일간지 기자가 진지하게 서울역을 찾아 취재하는 해프닝도 벌어졌다. 상상은 또 다른 상상을 낳았고 그 흥미진진한 과정에서 통일에 대한 희망과 인식이 자연스레 우리 안에 스며들었다. 우리는 매년 활동의 기록들을 정성껏 모아두어 시간이 흘러도 두고두고 꺼내 보며 마음속 깊이 간직할 추억으로 삼기로 했다.

통일정책 배우기, 통일송 부르기, 통일열차 정선 방문, 한개 마을에 통일 솟대 세우기, 분단의 현장 DMZ 탐방 그리고 통일열차 역장 임명식까지 다양한 행사들이 풍성하게 펼쳐지며 첫해의 여정을 마무리했다. 인연은 아름답게 마무리되어야 하고, 꿈은 푸른 희망 속에서 힘차게 시작되어야 한다. 《위대한 성공의 도구》의 저자 얼 나이팅게일은 "포기하는 사람보다 더 나쁜 사람은 시작하기를 두려워하는 사람이다"라고 했다. 첫해를 돌아보며 나는 확신했다. 통일열차는 더욱 힘차게 달리며 우리 모두의 가슴에 행복한 통일의 상상을 널리 실어 나를 것이라고.

당시 통일부는 uni TV를 통해 남북 관계와 통일정책 등을 국민들에게 적극적으로 알리고자 했다. 또한 시범적으로 uni 라디오도 만들어 국민들과 전화 소통도 시도했다. 통일부 이승신 정책홍보과장(현 하나원 원장)과 김인호 사무관(현 통일교육원 과장)은 통일열차에 탑승해 정말 열심히 국민홍보를 했다. 내겐 참 감사한 기억이다.

당시 경희대 의대 최현림 교수의 글이다.

어려서 나는 경남 고성의 어느 시골집에서 자랐다. 6.25전쟁이 일어나고 휴전협정이 맺어지기 전에 태어났다. 어려서 기억은 없지만 조금 자라서는 6.25전쟁 이야기를 들었다. 시골 우리 집까지 공산군이 내려와 어머니는 나뭇가지를 수북이 쌓아 피신 온 분들을 숨겨주셨다. 아버지는 공산군이 철수하면서 짐을 지워 잡혀가던 도중 비행기 폭격에 혼비백산할 때 몰래 도망치셨다 (…) 언젠가 예고 없이 우리 앞에 홀연히 나타날 통일의 그날을 위해 통일을 염원하는 이들이 마태복음에 나오는 신랑 맞으러 나간 슬기로운 다섯 처녀처럼 미리미리 통일 맞을 준비를 하면서 통일열차를 타고 달린다.

통일열차는 이듬해에도 쉬지 않고 달렸다. 미사리 조정경기장에서 탈북민 강제송환 반대 결의대회를 개최하는 것을 시작으로 남북 퀴즈 대회와 전쟁기념관 방문, 2차 역장 임명식, 남북 화합의 장 마련 등 다양한 행사가 이어졌다. 또한 북·중 국경 지역과 대마도 답사, 해방 시기 시 낭송회 등 다채로운 프로그램을 통해 통일에 대한 열망과 이해를 넓히는 기회를 마련했다. 2012년은 특별히 러시아 정부가 라진·선봉경제특구에서 모스크바까지 연결되는 TSR(Trans Siberian Railway) 복구 및 건설에 코레일의 참여를 요청해 통일과 동북아시아 협력의 새 물결이 시작되는 해이기도 했다.

2012년 행사 중 특히 기억에 남는 순간은 '통일열차 13번째 이야기'라는 이름으로 진행된 '미래의 조국통일을 가다' 주제의 4박 5일 중국 3성 방문이었다. 9월 5일 심양공항에 도착해 한·중 수교 20주년과 김정은 체제 출범 첫해를 기념하는 특집 방송을 위해 워싱턴에서 온 RFA 기자와 합류했다. 단둥으로 이동하여 6.25 전쟁 당시 중국이 미국에 맞서 북한을 지원한 의미를 기리기 위해 세운 항미원조기념관도 방문했다. 그때 중국의 개입이 없었다면 우린 지금 남북이 함께 어울려 살아가고 있을 것이다. 중국 땅 바로 코앞에서 신의주를 바라보는 심정은 끊어진 철교가 남긴 상처처럼 아직도 가슴에 아릿하게 남아 있다. 그 옛날 아버지도 저곳을 통해 단둥을 오가셨을 것이다.

집안시에 위치한 광개토대왕릉 앞에선 당황스런 일이 있었다. 우리가 준비한 현수막을 들고 사진을 찍으려 하는데 갑작스레 중국 공안이 다가와 급히 제지하는 바람에 아찔한 순간이 되었다. 공안이 가이드에게 "한국 사람들은 왜 자기네 땅이라고 주장하는지 모르겠다"고 말했단다. 그때의 긴장감은 아직도 생생하다.

이도백화에 숙소를 정하고 백두산 등반에 나섰다. 이번 방문은 내게 세 번째 백두산 산행이었다. 북한 쪽 백두산은 언제 오를까 하는 생각에 아버지의 모습이 겹쳐 마음이 더욱 먹먹해졌다. 연길로 이동해 윤동주 생가를 방문하며 시인의 삶을 되새겼다. 일본 대마도를 탐방했던 15번째 이야기 역시 깊은 인상을 남겼다. 모든 여정들이 통일을 향한 나의 마음에 한층 더 무게와 의미를 더해주었다.

통일열차는 지금까지 43번의 힘찬 여정을 마치고 연료를 보충하기 위해 잠시 멈춰 섰지만 내 마음속에서는 오늘도 씽씽 달리고 있다. 지난 14년 동안 나는 통일열차 상상 운행기록을 꾸준히 써 내려가고 있다. 기대가 한 뼘씩 자라날 때마다 목표는 몇 걸음씩 가까워지고, 간절한 상상은 조금씩 현실의 문을 두드린다. 지금도 내 귀에는 통일열차가 달리는 굉음이 생생하게 울려 퍼진다. 그 소리는 나를 앞으로 나아가게 하는 힘이며 멈추지 않는 희망의 메아리다.

편견 녹인 북한사투리 노래자랑

흥에는 묘한 힘이 있다. 함께 어깨춤을 추며 두둥실 즐기다 보면 말을 하지 않아도 그 사람의 마음 절반쯤은 이해하게 된다. 손을 맞잡고 흥겹게 노래를 부르면 상대가 누군지 잘 몰라도 어느새 정이 스며든다. 누군가를 공감하고 이해하기 위해선 함께 웃고 울며 감정을 나누는 것만으로도 타인은 절로 '우리'가 되어간다.

탈북민들이 남한에 와서 겪는 스트레스는 참으로 다양하다. 생계를 위한 무거운 짐이 어깨를 누르고 몸도 아프고 마음도 아프다. 언어 역시 어디를 가든 그들을 짓누르는 부담이다. 북한사투리는 그들에게 적지 않은 스트레스가 된다. 언어란 환경이 만들어낸 부산물이다. 서울 사람은 서울말을 쓰고 평양 사람은 평양말을 쓴다.

북한 말투는 쉽게 구별된다. 길거리에서 탈북민들이 대화를 나누면 사람들은 무의식적으로 그쪽으로 시선을 돌린다. 그런 시선은 그들에게 큰 불편함으로 다가온다. 그래서 잠시 말을 멈추었다가 사람이 지나가면 다시 이야기를 이어가기도 한다. 말투가 무슨 죄인가. 나는 우리 사회가 그들에게 보내는 이런 시선이 마음에 걸렸다. 그들이 눈치 보지 않고 편안하게 대화를 나눌 수 있는 공간을 만들어주고 싶었다.

새조위가 통일운동을 문화적으로 풀어낸 것은 뜻밖의 계기에서 시작되었다. 연말이면 직장인, 동창회, 향우회 같은 모임에서 송년회를 열고 한 해를 돌아보며 서로 안부를 묻고 새해 덕담도 주고받는다. 그러나 탈북민들은 남한사회에서 토대도 빈약하고 인적 네트워크도 없기에 그런 따뜻한 문화를 누릴 기회가 없었다.

2005년 새조위는 대방동 서울여성플라자에서 400여 명을 초대해 남과 북이 함께 어울리는 자리를 마련했다. 송년회는 노래자랑 예선을 통과한 탈북민이 최종 경연을 하고 뷔페로 식사한 후 기념품을 나누는 행사였다.

우리는 탈북민들이 함께하는 자리에선 특히 더 신경 써서 작은 선물 하나라도 더 준비하곤 했다. 많은 남북 사람들이 한자리에 모이면 사소한 일들이 벌어지기 마련이다. 어느 해에는 개성공단 관련 의류회사에서 대량의 옷을 기부받았는데 10여 명이 일주일 이상 라벨 떼기 작업에 매달릴 정도였다. 노래자랑 때는 탈북민 한 사람당 무조건 네 벌씩 선물로 주었다. 많은 옷을 여러 사람에게 나누어주다 보니 색상과 사이즈를 일일이 맞추기가 쉽지 않았다. 행사가 끝난 뒤 여기저기서 불만이 흘러나왔다. "옷이 안 맞으면 다른 사람에게 주면 되지, 새 옷을 쓰레기통에 버리다니…." 누군가가 옷이 맞지 않는다는 이유로 새 옷을 버리고 간 듯했다.

행사마다 마음을 담고 시간을 쏟아 정성껏 준비한다. 그래도 주는 사람과 받는 사람의 마음이 꼭 맞아떨어지지 않는 경우가 많다. 초창기 탈북민들 사이에서는 웃지 못할 말도 나왔다. "대표님, 사회주의 분배 원칙에 따라 선물을 주실 거면 같은 물건 심지어 같은 색상으로 줘야 합니다." 그 이후로 나는 행사 때마다 선물에 관한 이런저런 사정을 꼭 설명하는 버릇이 생겼다. 체제와 문화가 완전히 다른 곳에서 살아온 사람들이기에 챙기고 이해해야 할 부분이 그만큼 많다는 것을 절실히 깨달았다.

송년회가 끝날 때마다 듣던 말이 있었다. "왜 내게 노래자랑한다는 말을 안 해줬어요?" 생각 끝에 나는 아예 탈북민 노래자랑을 정례화하기로 했다. 노래를 통해 탈북민들의 마음을 어루만지고, 일반주민들에겐 북한사투리에 친숙함을 심어줌으로써 사회통합에 작은 기여를 하려는 목적이었다. 실향민 1세대가 대부분 세상을 떠나면서 북한사투리를 접할 기회도 점점 사라졌다. 그러다 보니 일반인들이 북한사투리를 들으면 낯설어하며 탈북민을 어색한 눈빛으로 바라보는 일이 잦았다. 탈북민들이 남한사회에 정착하는 데 북한식 억양과 사투리가 걸림돌이 되는 현실을 개선하고자 하는 마음도 간절했다.

2005년 처음 막을 올린 탈북민 노래자랑은 2014년을 기점으로 한 단계 도약하여 '북한사투리 노래자랑'이라는 새 이름을 얻었다. 남과 북 출신을 가리지 않고 누구나 무대에 오를 수 있도록 문을 활짝 열었고 남한의 대중가요를 북한사투리로 새롭게 개사해 부르는 독창적인 무대가 펼쳐졌다. 심사위원들의 채점표에도 '사투리 개사'가 가장 높은 비중을 차지했으니 그만큼 서로의 언어를 이해하고 경계 없는 소통을 이루자는 노래잔치의 뜻을 담아낸 것이었다.

생각해보면 아버지의 고향인 함경도 길주 사람들에게는 서울말이 오히려 낯선 사투리였을 터이다. 첫해에는 남한 출신 참가자들이 주변의 탈북민들을 찾아가 사투리 개사에 도움을 받도록 했다. 남과 북이 서로 다른 언어의 결을 맞추어 노래 한 자락에 담아내던 풍경은 경계가 지워지고 마음이 이어지는 순간을 보여주는 작은 통일의 연습 같았다.

첫 회 북한사투리 노래자랑은 서울여성플라자 아트홀에서 성대한 막을 올렸다. 전국 각지에서 모여든 60여 개 팀이 도전장을 내밀었고, 그중 예선을 뚫은 8개 팀이 본선에 올랐다. 학생, 공무원, 주부, 회사원까지 직업은 제각각이었고 30대에서 70대에 이르기까지 연령 또한 다양했다. 무대 위에서는 남과 북을 잇는 사투리 가락이 흘렀고 객석에서는 오래 묵은 그리움이 파도처럼 일렁였다.

영예의 대상은 윤도현의 '나는 나비'를 북한사투리로 개사해 부른 30대 중반 참가자가 차지했다. 그는 상금과 트로피를 품에 안으며 말했다.

"할아버지 할머니가 개성에서 내려오신 실향민이셨는데 고향에 닿지 못한 한을 품은 채 세상을 떠나셨어요. 그리운 북녘을 조금이라도 가까이하고 싶어 파주에 사셨고 제가 북한에 관심을 가진 이유입니다."

북한사투리 노래자랑은 해마다 이처럼 아픈 사연과 간절한 소망을 품은 무대가 이어진다. 심사를 맡았던 탈북민 작가 림일은 심사평에서 이렇게 말했다.

"이 정도로 뜨거운 통일 열망이라면 당장이라도 남과 북이 하나가 될 수 있지 않을까 하는 생각이 들었습니다."

노래자랑 무대는 사연들로 가득했다. 경북 영천에서 한달음에 올라온 어르신팀은 촉박한 시간 탓에 리허설 한 번 해보지 못하고 곧바로 무대에 올랐다. 막상 첫 구절이 흘러나오자 음악과 템포가 엇나가기 시작했고 그 어색함이 되레 방청석을 웃음바다로 만들었다. 한 어르신은 급히 무대에 오르느라 신발도 신지 못한 채 버선발로 북한 특유의 흥겨운 춤사위를 곁들인 노래를 불러 관객들의 배꼽을 잡게 했다.

어느 트럭 운전기사는 참가자로 무대에 섰다가 가수로 데뷔하는 꿈을 이루었고, 어느 해에는 일본인 교수가 무대에 올라 사투리 노래를 불러 인기상을 차지하기도 했다. 해마다 열기가 더해진 무대 위에서 남과 북은 국적과 경계를 넘어 노래 한 자락으로 하나가 되었다. 북한사투리 노래자랑은 금상 상금도 올라 이제는 작은 축제에서 남북 화합의 상징으로 자리매김하고 있다.

참가자들의 분장과 소품은 이 노래자랑만의 별미였다. 광대처럼 얼굴을 칠하고 입가까지 붉은 립스틱을 바른 참가자가 있었는가 하면 남한에서는 이미 추억 속으로 사라진 연지곤지를 찍고 나온 이도 있었다. 무대 위 의상은 프로 가수 못지않게 화려했고, 한복 차림이 특히 많아 색동의 물결이 아트홀을 물들였다. 지게와 보따리, 낡은 여행 가방까지 온갖 소품이 등

장해 마치 세월을 거슬러 간 듯한 풍경을 만들어냈다.

원곡을 북한사투리로 바꾸는 순간 가장 자주 등장하던 표현은 단연 함경도식 말투 '했슴둥'이었다. 이를테면 '단장의 미아리 고개'의 원가사 "여보! 당신은 지금 어디서 무얼 하고 계세요"는 어느새 "은남이 아버지, 지금 어디서 무슨 거 하고 있슴둥"으로 변주되었다. 조금 과장하자면 무대에 오른 노래마다 '했슴둥 있슴둥'이 빠지지 않고 흘러나왔다.

낯설고도 재미있는 북한사투리를 처음 접하는 일반 관객들의 반응은 흥미로웠다. 막상 귀를 기울여 들어보면 남북의 사투리는 어딘가 닮아 있었다. 함경도와 경상도의 억양은 높낮이가 비슷하고, 황해도 말씨와 경기도 사투리는 의외로 닮은 구석이 많았다. 서로의 언어가 경계를 넘어 잇닿아 있음을 노래를 통해 자연스레 느낄 수 있는 순간이었다.

첫해는 일반주민에게만 출전 자격을 주었으나 이듬해부터는 그 울타리를 거두었다. 남과 북이 하나의 무대에서 어깨를 맞대고 노래할 수 있도록 문을 활짝 열었다. 국경과 출신을 넘어 목소리를 합치고 서로의 이야기를 담은 가락을 나누면 조금 더 깊이 이해할 수 있으리라는 생각에서였다.

때로는 크고 작은 사연과 곡절들이 뒤엉켜 행사 준비가 쉽지 않을 때도 있었지만 남북이 함께 노래하고 춤추며 한 해를 마무리하는 그 순간만큼은 모든 고생이 보상받는 듯했다.

"그동안 답답하고 우울했던 마음이 다 풀렸어요."

"오랜만에 많이 웃고 정말 즐거웠어요."

무대가 끝난 뒤 건네받는 따뜻한 말들은 우리를 다시 일으켜 세웠다. 나태함이 고개를 들 때마다 그날의 환한 웃음과 울컥한 목소리가 떠올라 마음을 다잡게 만들었다.

문화적 소통은 탈북민과 일반주민 간의 간극을 메우는 가장 중요한 열쇠다. 그 중심에는 말투와 생활방식이라는 우리가 일상에서 쉽게 간과하는 것들이 놓여 있다. 이런 점에 주목해 시작된 '북한사투리 노래자랑'은 새조위만의 독창적인 문화행사라고 자부한다. 코로나19로 몇 해 멈추었다가 2024년에 대방동 서울가족플라자 대강당에서 7회 대회를 열었다. 이날은 특히 '립스틱 짙게 바르고'로 사랑받은 임주리 씨가 초대가수로 무대에 올라 흥을 돋우며 객석을 하나로 묶었다.

밭을 가는 일은 단순히 땅을 뒤집는 일이 아니다. 서로 다른 흙과 영양분을 섞어 더 비옥한 토양을 만드는 작업이다. 사람 사이도 다르지 않다. 고향이 다르다고, 말투가 낯설다고, 피부색이 다르다고 선을 그어 버리면 그 땅은 메말라 아무것도 자랄 수 없다. 서로를 섞어 어울리게 하고 함께 웃고 노래할 때 '우리'라는 새로운 씨앗이 마음속에 싹튼다.

무대 위에 펼친 통일의 꿈

아픔을 느낀다는 것은 살아 있다는 증거다. 기쁨을 느낄 땐 생명이 움트고 슬픔이 차오르면 생명도 시들해진다. 눈물과 웃음은 서로 반대편에 서 있는 듯 보이지만 같은 뿌리에서 돋아난 잎사귀와 같다. 기뻐도 눈물이 흐르고 슬퍼도 불쑥 웃음이 터진다. '울기를 두려워 말아요, 눈물은 마음의 슬픔을 씻어내는 약이니'라는 인디언 속담처럼 우리는 인생이라는 굽이진 길을 걸으며 길목마다 눈물로 상처를 씻고 다시 일어선다. 웃음이 사라진 곳도 눈물이 사라진 곳도 결국 메마른 세상일 뿐이다.

이 세상에 눈물과 슬픔이 없다면 새조위 또한 존재할 이유가 없을 것이다. 새조위는 실향민들을 고향으로 모시고 가거나 탈북민들을 천국으로 데려다주는 천사는 아니다. 그래도 그들의 아픔을 조심스레 닦아주는 간호사쯤은 될 수 있다. 37년 동안 한 걸음 한 걸음 묵묵히 걸어온 이유는 아무리 닦아도 마르지 않는 눈물이 여전히 세상 곳곳에서 흘러내리고 있기 때문이다. 어쩌면 새조위는 눈물과 슬픔을 스스로 품고 그 무게를 조금이라도 나누어 짊어지고 있는지도 모른다. 눈물은 눈물로도 닦지만 때로는 웃음으로 더 말끔히 닦여 나간다. 그 웃음 한 줄기라도 건네기 위해 새조위는 오늘도 누군가의 곁을 지키고 있다.

나비의 작은 날갯짓이 먼바다에 거대한 파도를 일으킨다고 했던가. 통일운동을 하면서 나는 수없이 많은 우연을 마주했다. 그것들은 밤새 조용히 내려 세상을 바꾸는 함박눈처럼 어느새 내 삶에 쌓여 새로운 길을 열어주곤 했다. 되돌아보면 그 우연은 어쩌면 오래전부터 예정된 필연이었는지도 모른다. 새조위의 통일연극 또한 그런 우연을 가장한 필연에서 어느 날 시작이 되었다.

따스한 햇살이 대지를 포근히 감싸던 2014년 5월의 어느 날이었다. 친구가 강남으로 연극을 보러 가자고 했다. 사실 나는 연극을 즐겨 찾는 편은 아니었다. 그날 무대에 오른 것은 독일에서 온 프라미스 팀(Promise Team)의 공연 '손님(GUEST)'이었다. 살아온 땅을 버리고 떠날 수밖에 없었던 이들의 이야기를 대사 한 줄 없이 몸짓으로만 그려내는 무용극이었다. 모랫바닥을 딛고 펼쳐지는 그들의 움직임을 바라보는 동안 내 마음속에 탈북민들의 얼굴이 하나둘 겹쳐졌다. 울음과 침묵, 망설임과 절망 그리고 다시 이어지는 희망까지…. 그 모든 것이 말없이 가슴을 두드렸다.

탈북민들의 고단한 탈북 여정을 저런 무대 형식으로 풀어내면 얼마나 강렬하고도 깊은 울림을 줄까. 그 생각은 연극이 끝난 뒤에도 내 머릿속을 떠나지 않았다. 나는 바로 주최자를 찾아가 제안했다. "혹시 새조위와 함께 공연을 만들어 볼 수 있을까요?" 뜻밖에도 그들은 반갑게 화답했고 며칠 후 우리 사무실까지 찾아왔다. 이야기는 빠르게 진행되어 그들이 유럽으로 돌아간 뒤 다시 한국으로 입국해 그해 말 함께 연극을 올리기로 약속했다.

연극이라는 세계는 내게 너무도 낯설었다. 무대와 조명, 배우만 아는 정도였지 계약서에는 어떤 내용을 담아야 하는지, 공연은 어떻게 조직해야 하는지는 문외한이었다. 그때 문득 '두드리면 열린다'는 말처럼 손을 내밀면 길이 생길 거라는 확신이 들었다. 두드려도 안 열리면 열릴 때까지 두드리자. 지성이면 감천이라고 했던가. 새조위 '북한이탈주민 힐링센터' 소장인 조수연 박사가 서울문화재단을 연결해주었다. 재단은 우리가 하고자 하는 일의 뜻을 높이 평가해 연습 공간을 내어주고 공연장 편의를 제공하며 든든한 동반자가 되어주었다.

항공료와 초청비, 그 외의 모든 비용은 새조위가 책임지기로 했다. 이렇게 낯설고 서툴렀지만 간절한 마음 하나로 시작된 첫 발걸음은 어느새 하나의 무대로 향하는 길을 닦아놓고 있었다.

연극의 제목은 '떠나온 사람들의 이야기'로 정했다. 북녘의 고향을 향한 그리움을 담아 썼던 편지 모음집 《고향마을 살구꽃은 피는데》의 부제를 가져온 것이다. 제목만큼이나 절실한 무대를 만들고 싶었다. 주변에서 탈북민 배우 네 명을 선정했다. 연극 경험은 없었지만 연기 수업을 받고 충분히 연습한다면 자신들의 탈북 경험을 누구보다 진솔하게 무대에 올릴 수 있으리라 믿었다.

그 믿음은 곧 예상치 못한 벽에 부딪혔다. 연극을 완성해가는 과정은 결코 순탄치 않았다. 무엇보다 언어와 문화의 차이가 커다란 장벽이었다. 스위스 출신 연출가와 호주 출신 감독 그리고 한국인 배우가 함께했지만 정작 탈북민 배우들과 충분히 마음을 맞추고 소통할 시간이 부족했다. 서로의 상처를 꺼내어 연극이라는 틀에 담아내는 일은 생각보다 훨씬 더 섬세한 이해와 공감이 필요한 작업이었다.

2014년 문화역서울284에서 올린 첫 공연은 외형적으로는 성공적이라 할만했다. 관객의 호응도 컸고 의미 있는 무대라는 평가도 받았다. 하지만 무대를 내려온 뒤 마음 한구석에 남은 건 보람만이 아니었다. 서로의 상처가 제대로 다독여지지 못한 채 드러나기도 했고 소통의 부재가 빚은 갈등도 있었다. 그때의 내 상처는 지금도 온전히 아물지 않았지만 그 경험이 있었기에 통일연극이 진정으로 무엇을 품어야 하는지를 깊이 배우게 되었다.

연극의 목적은 분명했다. 목숨을 건 고단한 탈북의 여정을 무대 위에 올려 남한사회가 그들의 이야기를 조금 더 이해하고 조금 더 가까이 다가가기를 바라는 마음이었다. 처음이라는 두 글자는 언제나 무겁다. 더구나 낯선 연극이라는 장르, 그것도 외국인 연출가와 감독과 함께하는 작업은 결코 만만한 일이 아니었다. 서로 다른 언어와 문화, 감수성의 차이를 넘나드는 과정에서 숱한 시행착오와 좌절을 맛봐야 했다.

인생은 실패에서 배우며 한 발 한 발 앞으로 나아가는 긴 여정이다. 열정 하나로 무대에 덤벼든 나는 그 과정에서 값비싼 수업료를 치른 대신 평생 잊지 못할 배움을 얻었다. 무엇보다 이 연극이 씨앗이 되어 새조위가 통일연극과 통일강연극을 10년 넘게 이어올 수 있었으니 남은 건 후회가 아니라 감사였다.

그 연극팀에 대한 감사함이 지금도 내 발걸음을 또 한 번 무대 쪽으로 이끌고 있다.

이듬해에는 연극무대를 올리지 못했다. 준비할 여건이 따라주지 않았지만 나는 마음속으로 《탈무드》의 한 구절을 되뇌곤 했다. "희망을 버리지 않는 한 인생은 미래의 꼬리를 잡고 있는 것이다." 이 명구가 꺼져가는 불씨를 살리듯 내 마음을 지켜주었다.

2015년 새조위는 법무법인 김&장 사회공헌위원회의 후원을 받아 탈북민 언어교육 프로그램을 열었다. 간호사, 간병인, 공무원, 일반 직장인, 취업을 준비하는 탈북민들을 위해 이규석 KBS 성우가 맞춤형으로 발음·발화 교육을 진행했고, 콩트 형식의 짧은 연극으로 성과를 확인했다. 나는 배우가 아니라 학습자였지만 그들의 목소리가 무대에서 살아 움직이는 순간을 보는 것만으로도 가슴이 벅찼다.

그 과정에서 연극의 불씨가 내 마음속에서 아직 꺼지지 않았음을 분명히 알았다. 아니 그 꿈은 시간이 갈수록 더 선명해지고 있었다. 무대는 단지 공연의 공간이 아니라 세상과 사람을 잇는 다리가 될 수 있다는 확신이 다시금 가슴속에서 깨어났다.

2016년 무대에 올린 연극은 '자강도의 추억'이었다. 대학로

소완소극장에서 5일간 공연한 '자강도의 추억'은 건설현장 인부와 가사도우미로 일하는 탈북민들의 남한 정착 과정을 통해 그들의 아픈 삶과 새로운 꿈을 조명하는 내용이다.

"기렇꼬마. 어릴 적에는 돌배도 같이 따러 다니고, 딱밤도 같이 따고, 동삼에는 고조리도 따 같이 먹고 그랬지비."

"강판에서 놀다가는 너래 번데디었잖네."

연극을 보는 탈북민들은 고향 말투만으로도 위로를 받고 눈물을 흘린다. 고향이란 두 글자는 어디를 가도 그립고, 오늘도 가보고 싶은 곳이다. 일반주민들은 무심히 스쳐 간 탈북민들의 아픔을 유심히 들여다본다.

시민단체의 큰 고민은 언제나 비어 있는 곳간이다. 새조위도 예외는 아니었다. 통일연극을 이어가고 싶다는 마음은 간절했지만 재정의 벽 앞에서는 발걸음이 자주 멈칫거렸다. 그러던 중 통일부의 '공감더하기' 지원사업에서 일부 도움을 받을 수 있었다. 하늘이 무너져도 솟아날 구멍이 있다더니 정말 간절하니 길이 열렸다. 나는 재차 결심했다. 앞길이 막막할수록 더욱 간절하자고.

'자강도의 추억' 공연을 위해 탈북민 배우들과 KBS 성우 그리고 전문 배우들이 한마음으로 4개월 동안 땀 흘리며 연습에 매달렸다. 서로 이야기를 나누고 대사를 다듬는 시간은 무대

자체만큼이나 소중했다. 마침내 올린 공연은 많은 이들의 마음을 울리고 웃게 했다.

무대 위에 켜진 조명이 서서히 꺼질 때 깨달았다. 첫 공연에서 남긴 마음의 상처와 아쉬움이 어느새 상당 부분 아물어 있었다는 것을. 노력은 결코 배신하지 않는다는 진리도 다시 한 번 가슴에 새겼다.

2017년 무대에 오른 통일연극 '풍계리 진달래'는 탈북민들의 아픔을 그 누구보다 생생하게 담아낸 작품이었다. 그래서였을까. 다른 공연들보다 유난히 눈물이 많았다. 무대 위에 펼쳐진 이야기는 함경북도 길주군 풍계리에서 시작된다. 가난했지만 사랑으로 버텨내며 결혼생활을 하던 한 여성은 핵실험으로 인한, 사람들이 귀신병이라 부른 정체 모를 병에 걸린 아들을 살리기 위해 결국 두만강을 넘는다.

하지만 중국 땅에서 그녀를 기다리고 있던 것은 잔혹한 현실뿐이었다. 인신매매로 팔려 가고 생존을 위해서는 중국 브로커와 목숨을 건 거래까지 해야 했다. 남한에 도착해서도 숨 돌릴 틈이 없었다. 북녘에 남겨진 아들과 남편을 위해 하루하루 온갖 고생을 감내해야만 했다. 이 이야기가 내 마음을 더욱 울린 이유는 길주가 바로 아버지의 고향이었기 때문이다. 내게 길주는 이름만 들어도 가슴이 먹먹해지고 눈물이 핑 도는 곳이다.

'풍계리 진달래'는 대학로 소완소극장에서 3일간 연일 만석을 기록하며 관객들의 깊은 울림을 이끌어냈다. 그 전에 올렸던 '자강도의 추억'과 함께 이 작품은 KBS '남북의 창'에도 소개되어 많은 사람들에게 탈북민의 현실과 그들의 이야기를 들려주고 통일의 과제가 무엇인지도 다시금 일깨워주었다.

통일연극은 해를 거듭할수록 더 깊어지고 넓어졌다. 2018년에는 통일 이후 실향민들이 겪을 사회적 문제와 가족애를 실감 나게 담아낸 '장춘옥 2호점'을 무대에 올렸다. 2019년에는 탈북민과 일반주민이 함께 살아가며 겪는 소소한 일상사를 그린 '그곳에 봄이 온다면'으로 서로의 간극을 좁히는 따뜻한 이야기를 전했다.

2020년의 '슈퍼스타 리동현'은 피로 맺어진 형제애를 주제로 서로를 지키고 싶은 절실한 마음을 담아내며 관객들의 가슴을 울렸다. 2021년에는 북한의 숨겨진 현실을 생생히 드러낸 '고슴도치'가 무대에 올라 억압된 삶의 실상을 날카롭게 보여주었다. 2023년에는 청소년들에게 새로운 통일교육의 패러다임을 제시한 '진달래마을 이야기'를 통해 통일을 먼 훗날 이야기가 아닌 자신들의 이야기로 받아들이도록 했다. 2024년에는 청소년들을 직접 찾아가 북한 인권 문제를 피부로 느끼게 한 체

감극 '작은 행복', 2025년에는 '다정미용실'을 선보여 학생들에게 공감의 나비효과를 전했다.

이 작품들은 모두 무대 위에서 '공감'이라는 다리를 놓았다. 상처 입은 마음을 치유하고 탈북민의 처지를 이해하며 우리가 외면해온 북한 인권의 현실을 세상에 드러내는 일에 큰 울림을 주었다. 관객들의 눈물과 박수가 이어질 때마다 생각했다. '누군가의 아픔을 품어내는 따뜻한 무대인 연극을 결코 멈추지 말자.'

통일강연극은 말 그대로 강의와 연극을 결합한 새로운 형식의 무대였다. '인차 다시 만나요', '신가족의 탄생', '리중호와 김예슬이', '북출이의 좌충우돌' 등은 매회 객석을 가득 채우며 웃음과 눈물을 동시에 자아냈다. 상처받은 마음을 다독이고 서로를 이해하는 길을 열어주는 작품들이었다.

무대는 다양했다. 대학로 극장에서 일반 시민들을 대상으로 올리는 공연도 있었고, 초·중·고등학교를 직접 찾아가는 유랑 극단식 무대도 있었다. 트럭에 무대 장치를 싣고 학교로 향해 학생들 앞에서 공연을 펼쳤다. 공무원을 대상으로 한 공연도 있었는데 그들의 시선이 조금씩 달라지는 것을 느낄 때 보람이 컸다.

특히 2년 전부터는 통일부 지원을 받아 북한 인권을 주제로 한 작품을 제작해 전국의 학교를 돌며 공연하고 있다. 학생들과 선생님들의 첫 반응은 다양하지만 공연이 끝난 뒤 달라진 눈빛과 이어지는 대화 속에서 변화가 시작되고 있음을 실감했다. 대학로 공연에서는 통일연극을 꾸준히 찾아주는 팬들도 생겼다.

지난 10년 동안 통일(강)연극은 17개 작품, 102회의 공연을 거듭하며 6만여 명이 넘는 관객과 만났다. 어떤 사람들은 새조위를 마치 연극 전문 극단으로 오해하기도 한다. 생각해보면 이 모든 것은 친구의 손에 이끌려 우연히 보러 간 연극 한 편에서 시작됐다. 그 작은 나비의 날갯짓이 이렇게 풍성한 숲으로 자라났으니 이 정도면 놀랄 만한 나비효과가 아닌가 싶다.

통일(강)연극은 탈북민들에게는 아픈 마음을 보듬고 치유하는 시간을, 일반주민들에게는 그들의 상처를 조금이라도 이해하고 통일과 북한 인권 문제에 관심을 갖게 하는 소중한 계기를 마련해주었다. 서강대 김영수 교수님께서 단장을 맡아 연극의 방향을 꼼꼼히 챙겨주시고, 이주한 연출가와 스태프들이 몸을 사리지 않고 호흡을 맞춰준 덕분에 새조위 통일연극이 여기까지 올 수 있었다. 돌아보면 한 걸음 한 걸음이 기적이었고 모든 순간순간이 감사할 뿐이다.

나는 연극도 노래와 크게 다르지 않다고 생각한다. 누군가에게는 눈물이 노래가 되고, 누군가에게는 웃음이 노래가 된다. 인생이란 게 쓰러졌다가도 다시 일어서고, 울다가도 웃는 것 아니겠는가. 과거의 상처를 가슴에 품고만 있다면 어제의 아픔은 결코 아물지 않는다. 때로는 눈물로 아픔을 씻어내고 때로는 웃음으로 상처를 녹여내야 한다.

새조위의 통일연극은 바로 그런 무대다. 울음과 웃음이 한데 뒤섞여 서로를 조금 더 깊이 이해하고 내면의 상처를 다독이며 한 발짝 더 나아가게 하는 무대이다. 10년을 걸어왔으니 이제 또 다른 10년이 기다려진다. 우리는 다시 울고 웃으며 누군가의 마음을 향해 한 걸음 더 다가갈 것이다. 그 누군가가 우리와 함께 통일의 길을 만들어 가길 기원하면서….

모였다! 남북 주부

　친구라는 말은 언제 들어도 마음을 데워주는 온기가 있다. 그 속에는 정과 웃음이 깃들어 있고, 사랑과 포근함이 배어 있다. 친구란 나 홀로가 아니라 누군가와 함께 마음을 나누는 사이다. 지친 마음도 외로운 마음도 친구 앞에서는 절반쯤 치유된다. 삶이 힘들고 마음이 무거울수록 친구가 더 간절해지는 이유이다.

　탈북민들이 남한에서 안정적으로 정착하기 위해서는 일반 주민들과 자연스럽게 어울리며 마음을 나눌 기회가 많아야 한다. 그러나 현실은 그렇지 않다. 그들끼리만 소통하는 상황이 잦다. 이는 그들만의 탓이 아니다. 탈북민들은 커피 한 잔을 사이에 두고 이야기를 나누고 싶어 하지만 그들의 이야기에 귀를 기울여줄 남한주민들이 선뜻 다가오지 않는다. 남한주민들이 먼저 손을 내밀지 않으면 탈북민들은 자연스레 그들끼리만의 이야기로 끝나게 된다.

통일운동을 어떻게 하면 더 활성화할 수 있을까를 고민하던 중 문득 '밥상머리 통일교육'이 떠올랐다. 남북 주부들이 서로를 잘 알게 된다면 한 가정에 적어도 두세 명의 공감대가 생길 것이고, 그 인식이 집 밖으로 퍼져나가면 탈북민과 통일에 대한 관심이 확산될 것이라 확신이 들었다. 그런 생각에서 탄생한 것이 '남북주부모임'이었다.

모임의 기본 취지는 단순했다. 남북 출신 주부들을 결연해 서로의 삶의 이야기를 나누고 정서적 교류를 확대함으로써 오랜 이질감을 조금씩 걷어내자는 것이었다. 또한 남한주민들이 친구나 지인 모임에 탈북민을 초대하여 자연스럽게 접점을 넓히도록 돕고 싶었다. 만남이 잦아지면 탈북민들이 남한 문화를 더 빠르게 이해하고 받아들일 수 있으리라는 기대도 컸다.

이런 모임이야말로 진정한 '통일 예행연습'이라고 생각했다. 말과 글로만 배우는 통일교육이 아니라 사람과 사람의 마음을 잇는 통일교육 말이다. 여러 준비 끝에 2009년 4월, 남북 출신 주부 각 30명이 모여 남북주부모임 결성식을 가졌다. 시작 전에는 남과 북이 서로 다른 테이블에 나뉘어 앉아 어색함이 감돌았지만 남북주부모임이니 섞여 앉자는 말 한마디에 자리를 바꾸더니 금세 이야기꽃이 피어났다.

뿌리가 같다는 건 바로 이런 것이다. 처음엔 서먹할지라도 같은 하늘 아래 같은 정을 품은 사람들이라면 어느새 친구가 된다. 그날 모임장을 가득 메운 웃음소리는 내가 꿈꾸는 작은 통일이 이미 시작되고 있음을 보여주는 듯했다.

나는 "남북 주부들이 이 모임에서 나눈 경험을 주변에 전한다면 우리 사회가 예전보다 훨씬 깊이 남과 북을 이해하는 소중한 계기가 될 것입니다"라는 요지의 축하 인사를 건넸다. 간단한 특강 형식을 빌려 모임의 취지와 의미도 설명했다. 세월이 흘러 기억이 희미해졌지만 기억을 더듬어보면 아마도 이런 말을 했던 듯하다.

일제강점기에 암울한 민족의 앞날을 위해 유관순 열사가 앞장섰듯이 민족의 통일과 사회통합을 위해서 우리 여성들이 앞장서야 한다. 지금이 바로 통일 후를 준비해야 할 시점이다. 그런 의미에서 남북주부모임은 통일을 향한 예행연습이다. 통일의 편익은 실로 막대하다. 북한의 지하자원은 미래 국가의 거대한 자산이며 부산에서 유럽까지 이어지는 철도망은 통일한국을 극동의 물류 전초기지로 만들 것이다. 통일 코리아의 국격 상승은 통일비용과는 비교조차 할 수 없다. 통일은 우리 민족의 운명적 과제이다. 오늘 이 자리에 모이신 주부님들께서 남북한 문화의 차이에서 비롯되는 갈등을 풀어내고 화해와 이해의 다리를 놓는 데 앞장서 주기를 바란다.

이어 박윤숙 교수님이 '남북한 주부들의 새로운 발견'이라는 주제로 특강을 했다.

자원봉사활동은 시간이 남을 때만 마음이 내킬 때만 하는 선택이 아니다. 그것은 민주시민으로서 누려야 할 권리이자 마땅히 감당해야 할 의무이며 자유로운 삶을 누리기 위해 치러야 하는 대가다. 현대 사회에서 여성의 역할이 날로 커지고 있는 만큼 통일운동에서도 여성들이 맡는 자리는 결코 작지 않다.
통일운동은 단순히 하나의 정치적 이벤트가 아니다. 남북한 주민 집단 간의 이질성과 이해관계의 충돌로 인해 언젠가 맞닥뜨릴지 모를 정치·사회적 혼란과 문화적 균열을 미리 예방하거나 최소화하는 일이다. 남북 주민들이 서로의 마음을 열어 소통하고 이질감을 걷어내며 '같은 동포'로 거듭나야 한다. 그래야만 자유롭고 평등한 자유민주주의를 함께 향유하며 앞으로 나아갈 수 있다.
나는 '남북주부모임'이 바로 그 길을 여는 첫걸음이 되리라 믿는다. 서로의 삶을 이해하고 마음을 나누는 작은 모임에서부터 통일의 씨앗은 싹튼다. 이 모임이 그 씨앗을 더욱 단단하게 키워내길, 그리고 그 뿌리가 남북의 마음을 깊게 잇는 거목으로 자라나길 진심으로 기대하며 언제나 응원하겠다.

강의가 진행되는 동안 여기저기서 고개를 끄덕이는 모습이 눈에 들어왔다. 그 순간 '아, 이 모임을 만들길 정말 잘했구나' 하는 생각이 나를 기쁘게 했다. 강의가 끝난 뒤에는 조별 토론 시간이 이어졌다. 조원들이 둘러앉아 이야기를 나누고 그 내용을 발표하는 방식이었다. 그날 발표된 이야기들 중 몇 가지는 지금도 선명히 기억 속에 남아 있다.

"북한은 이동 수단도 불편하지만 고향을 가려면 반드시 증명서가 있어야 해요. 남한처럼 자유롭고 편리하게 귀경할 수 있는 게 정말 부러웠어요."

"부부싸움은 남이나 북이나 똑같더라고요. 사는 곳이 달라도 부부의 속내는 같아요."

"북한에서는 출신 성분에 따라 미래가 결정되지만 남한은 노력만으로 얼마든지 달라질 수 있다는 게 정말 신기했어요."

"아이를 처음에는 일반고등학교에 보냈는데 교육 격차와 학생들 사이의 차별 때문에 어쩔 수 없이 전학을 시켰어요."

"우리는 원래 같은 동포였는데 다문화가정으로 바라보는 시선이 너무 불편해요."

이 말들은 마음속 깊은 곳에서 꺼낸 오래 묵은 상처였다. 그날 모임을 통해 서로의 이야기를 들을 수 있었던 것만으로도 통일로 가는 길목에서 우리가 왜 이런 자리를 마련해야 하는

지 다시금 절감했다.

분위기를 숙연하게 만드는 이야기들이 많았지만 중간중간 웃음이 터져 나오는 순간도 있었다. 삶의 고단함 속에서도 서로의 마음을 알아주는 공감은 언제나 따뜻한 미소를 불러온다. 모임을 마무리하며 참가한 주부들은 이야기를 나누고 공감하는 자리를 자주 만들기로 뜻을 모았다. 6개월 동안 2주에 한 번씩 만나 문화탐방을 가고 봉사활동을 함께하며 정을 쌓기로 했다.

남북주부모임은 언론의 관심도 끌었다. KBS, 연합뉴스, RFA 등 주요 매체가 이 모임을 크게 보도했다. 나 역시 엉겁결에 여기저기에서 인터뷰를 해야 했다. 세 번째 모임 때는 대학로 소극장으로 연극을 보러 갔는데 KBS가 우리 모임을 상세히 소개했다. 방송은 이렇게 시작했다.

"햇살 좋은 오후, 남북 주부들이 서로의 안부를 묻고 반갑게 인사를 나누며 서울 대학로의 한 소극장으로 하나둘 모여듭니다."

그 뒤로는 남북주부모임의 결성 취지와 활동 내용 그리고 주부들의 솔직한 소감을 생생히 전했다. 인터뷰에 응한 주부들은 한결같이 말했다.

"즐겁고 행복해요. 이런 자리가 있어서 정말 감사해요."

그날 대학로에 퍼진 웃음과 환한 표정들을 보며 나는 확신했다. 작은 만남 하나가 통일의 씨앗이 될 수 있다는 것을. 그 씨앗이 따뜻한 마음을 타고 널리 퍼져 나아갈 거라고 생각하니 다음 모임을 향한 걸음도 한결 가벼워졌다.

제3국을 거쳐 힘겹게 남한에 도착한 한 탈북민은 그날 공연을 보며 배가 아플 정도로 웃었다고 했다. 오랫동안 쌓였던 상처가 잠시나마 씻겼다며 눈가를 훔쳤다. 또 다른 탈북민은 이곳에 온 지 7년이 넘었지만 소문으로만 들었던 대학로를 그날 처음 밟았다고 했다. 배우들의 재치 있는 입담이 마음속 응어리를 단번에 날려버려 너무나 즐겁고 행복했다고 했다.

함께 공연을 관람한 한 일반주민은 탈북민들과 한자리에 앉아 웃고 즐기는 시간이 너무 유쾌했고 공연을 본 것보다 그들과 마음을 나눈 것이 더 큰 선물 같았다며 방송 인터뷰에 이렇게 말했다.

"그분들이 잘 웃으시는 모습을 보니 기분이 좋았어요. 참 좋은 분들을 만나 제 마음도 더 행복해졌어요."

그날 대학로의 작은 소극장은 따뜻했다. 서로의 마음이 이어지고, 웃음으로 벽을 허무는 '작은 통일의 마당'이 되었다.

나는 그날 인터뷰에서 이렇게 말했다.

"끼리끼리에 머무르지 않고 양방향 소통으로 서로를 이해하는 자리를 만들고 싶었습니다. 탈북민들은 남한에서 친구를 사귀는 일이 결코 쉽지 않아요. 우리 남한 주부들이 먼저 다가가 이야기를 나누며 멘토 역할을 한다면 그들의 정착에 큰 힘이 될 것입니다."

KBS는 남북주부모임을 소개하며 "어려움을 겪는 탈북민들에게 큰 희망이자 통일로 가는 작은 지름길"이라고 했다. 그 말이 참 고마웠다. 돌이켜보면 이런저런 계기로 KBS와는 인연이 깊다.

남북 주부들은 서울 신내동의 한 요양원을 찾아 의지할 곳 없는 노인들과 외롭게 살아가는 65세 이상 기초생활수급자 어르신들을 위해 봉사활동도 펼쳤다. 손을 잡아드리고 이야기를 들어드리는 짧은 시간이었지만 그분들의 눈빛은 쉬이 지워지지 않았다.

한 탈북민은 요양원을 둘러본 뒤 눈시울을 붉히며 말했다.

"북한에도 요양원 시설이 있긴 하지만 일반 가정보다 못해 이용하는 사람이 거의 없어요. 오늘 처음 이곳에 와봤는데 시설이 너무 좋고 깨끗해서 정말 놀랐습니다. 하루빨리 통일되어 북한 사람들도 이런 곳을 자유롭게 이용할 수 있었으면 좋겠어요."

탈북민 중 상당수는 출신 성분 때문에 대학 진학의 꿈조차

꿀 수 없었다. 실제로 재북 시절 전문대 졸업 이상 학력을 가진 이는 약 17%에 불과하다. 많은 탈북민들이 남한에 와서 뒤늦게 배움을 이어가고 있다. 주로 대학 학령기를 놓친 사람들은 사이버대학에 진학을 하는데 사회복지학과를 선호한다. 그들은 하나같이 말한다.

"언젠가 고향으로 돌아가 남한 같은 복지시설을 만들어 운영하고 싶어요."

"이곳에서라도 내 동료 탈북민들에게 도움이 되고 싶습니다. 처음에 난 도움을 받지 못했거든요."

요양원 복도에 울려 퍼지던 그날의 따뜻한 대화는 오래도록 마음속에 남았다. 상처받은 이들이 누군가의 상처를 어루만지고 싶다는 다짐은 통일을 향한 길이 사람의 마음에서 시작된다는 사실을 일깨워주었다.

남북주부모임은 함께 보고 듣고 체험하며 서로를 이해하는 생활 속 통일을 실천하는 자리였다. 4대 고궁을 함께 둘러보고 독립기념관을 찾아 역사의 숨결을 느꼈다. 야구장에서 환호성을 지르고 영화관 나들이로 소소한 즐거움을 나누기도 했다.

어느 날은 전연숙 박사의 친정어머니 댁으로 감자를 캐러 공주에 갔다. 친정어머님은 20여 년 동안 농사를 지으며 수확할 때마다 농산물을 박스에 담아 기관이나 어려운 이웃에게 기증

해오셨다. 남북주부모임은 그 따뜻한 손길에 보은 봉사활동으로 화답하고 싶었다. 감자밭에서 남북한 여성들이 함께 호미질을 하는 모습은 그야말로 한 폭의 그림 같았다. 탈북민 여성들은 손놀림이 다부지고 익숙해 금세 흙을 헤쳤지만 남한 여성들은 조금 하다 허리가 아프다며 웃음 섞인 앓는 소리를 내곤 했다. 서로의 모습을 보며 깔깔 웃는 동안 어색함은 사라지고 어느새 친구가 되어 있었다.

남북주부모임을 굳이 다른 말로 표현하자면 '서로 친구되기'이다. 이해와 공감은 멀리 있는 게 아니다. 같은 땅 위에서 함께 땀 흘리고 웃으며 마음을 열면 모두가 금세 친구가 되고 이웃이 된다. 어느 날 내가 한 탈북민 여성에게 물었다.

"이 모임에서 가장 좋은 게 뭐예요?"

그녀는 기다렸다는 듯 환하게 웃으며 대답을 쏟아냈다.

"무엇이 어떻게 좋았다고 말할 수 없을 정도로 그냥 다 좋아요. 한국에 온 지 얼마 되지 않아 이곳 사정을 잘 모르는데 언니가 자주 전화해주고 살뜰히 챙겨줘서 정말 고마워요. 모든 모임이 저에게는 큰 축복이에요."

그녀의 대답을 들으며 내 마음이 왠지 모르게 짠해졌다. '정말 고맙다'는 말속에서 내가 놓은 작은 디딤돌 하나가 누군가의 삶에 의미가 되었음을 느꼈다. 한편으로는 그들이 고마워할 또 다른 무언가를 더 찾아내야겠다는 마음이 일렁였다. 어쩌면 그것이 내가 걸어가는 길의 이유일지도 모른다. 여전히 가슴앓이가 심해 쉽게 마음의 문을 열지 못하는 탈북민들을 보면 우리가 가야 할 길이 아직 멀다는 것을 절감한다.

남북주부모임 중간 평가회의 때였다. 한 남한 주부가 조심스럽게 말을 꺼냈다.

"탈북민을 집으로 초대했는데 자꾸 차일피일 미루고 전화도 잘 받지 않아서 혹시 제가 무슨 실수를 한 건가 싶어 마음이 불편했어요."

회의가 끝나갈 무렵에 그 주부 파트너였던 탈북민이 울먹이며 자리에서 일어섰다.

"언니의 초대가 너무 부담스러웠어요. 남한사람 집에 가본 적이 한 번도 없어서 어떤 옷을 입고 가야 하는지, 뭘 가지고 가야 하는지, 가족이 계시다면 어떻게 인사를 드려야 할지 생각이 너무 복잡했어요. 따뜻한 마음을 제대로 받아들이지 못해 정말 미안해요."

그 순간, 이 모임이 얼마나 큰 의미를 지니는지 다시금 돌아봤다. 서로의 마음을 이해하려는 작은 용기 그리고 서툴지만 내미는 손길이 통일의 시작이라는 사실을 말이다.

다양성의 관점에서 세상을 바라보면 세상은 두 배, 아니 그보다 훨씬 넓어진다. 삶은 결코 한 장의 평면이 아니라 층층이 겹겹이 쌓여 있는 풍경이다. 생각도 다르고 사연도 다르고 옳고 그름을 재는 가치 판단도 제각각이다. 누군가는 "침묵하는 남편이 아내를 사납게 만든다"고 했는데 어쩌면 침묵하는 남한주민들이 탈북민들을 힘들게 만드는 건 아닐까 하는 생각이 들 때가 있다.

포도주는 숙성이 덜 되었을 때 신맛이 강하다. 세월이 차곡차곡 배어들수록 맛이 깊어지고 부드러워진다. 사람과 사람 사이의 관계도 마찬가지다. 한두 번의 만남만으로 농익은 포도주 같은 친밀함과 이해가 생기긴 어렵다. 시간이 쌓이고, 머리를 맞대어 고민을 주고받고, 가슴을 맞대어 이야기를 나누다 보면 서로를 조금씩 더 알게 된다.

알아간다는 것은 단순히 정보를 쌓는 일이 아니다. 이해하고 공감하고 위로하는 마음이 한 뼘씩 자라나는 과정이다. 더 많은 남한주민들이 탈북민들의 마음속으로 한 걸음 더 들어가 그들의 아픔을 헤아려 줄 수 있다면 얼마나 좋을까. 남과 북 사이에 가로놓인 보이지 않는 담장이 무너지고 우리라는 울타리가 예쁘게 만들어지는 날이 하루빨리 오기를 소망한다.

광화문을 들썩인 통일 축제

한국인은 흥의 민족이다. 흥은 마음을 북돋우는 에너지이자 흩어진 사람들을 하나로 묶는 강력한 동력이다. 이어령 박사는 "우리 문화에는 응어리진 것들이 많아 그것을 풀어야 하고, 그래야 신바람 나게 일할 수 있는 민족"이라고 했다. 우리는 울음을 터뜨리고 웃음을 쏟아내며 노래하고 춤추면서 쌓인 한을 풀어낸다.

나 역시 노래를 사랑하고 흥이 많은 사람이다. 돌이켜보면 그 흥이 아니었다면 통일운동이라는 벅차고 무거운 사명을 중도에 내려놓았을지도 모른다. 흥은 나를 다시 일으켜 세우는 원동력이었고 여기까지 오게 한 내재된 힘이었다.

끼리끼리는 닮는다더니 내 주변에는 '흥 수치'가 높은 사람들이 유난히 많다. 노래 한 곡이면 금세 장단이 맞고 웃음이 터져 나온다. 그런 사람들이 함께하면 통일이라는 먼 길도 한결 가깝게 느껴진다. 흥은 서로를 이어주는 따뜻한 다리다.

새조위는 광화문과 서울시청 광장에서 열린 '통일박람회'에 2년 연속 참가했다. 2015년 5월 말, 3일 일정으로 개최된 이 박람회는 통일부와 통일준비위원회, 민주평통이 '그래서, 통일입니다'라는 주제로 주최한 대규모 행사였다. 중앙부처와 지자체, 공공기관, 언론사, 민간단체 등 150여 개 단체가 참여해 다채로운 전시와 체험 프로그램으로 통일을 향한 국민적 관심과 염원을 높이고자 했다.

정부가 통일 문제에 관심을 갖고 민간의 참여를 독려해주는 것만으로도 민간단체에는 큰 힘이 된다. 우리는 현장에서 실핏줄처럼 미세하게 스며들어 주민과 주민을 잇는 역할을 한다. 그러나 실핏줄만으로는 체온이 온몸에 퍼질 수 없다. 정부의 굵직한 동맥 같은 행정력이 뻗어가고, 민간의 따뜻한 손길이 그 틈새를 메워줄 때 비로소 통일을 향한 움직임은 살아 숨쉬게 된다.

나는 통일부가 마련해준 통일마당이 그렇게 고마울 수가 없었다. 통일박람회를 그저 행사가 아닌 진짜 축제로 만들어 보고 싶었다. 그래서 제일 먼저 2미터 길이의 아크릴 통일열차를 제작했다. 그 앞에는 '서울발 런던행 통일열차'라고 적힌 문구를 새기고, 참가 회원 100명에게는 녹색으로 프린트한 통일열차 티셔츠를 입혔다. 광장에서 우리가 하나로 맞춰 입은 그 티셔츠는 마치 통일을 향한 공동의 여정을 상징하는 깃발같이 광장을 수놓았다.

이듬해에는 조금 더 다채롭게 꾸몄다. 북한 9도의 지도를 분홍색 티셔츠에 새겨 입고, '통일, 그날은?', '통일 중심잡기', '통일아 사랑해', '통일 꿈 낚시터' 등 소주제를 정해 다양한 체험과 전시 프로그램을 열었다. 그 모든 것을 하나로 엮는 큰 주제는 '출발! 통일열차'였다.

서울에서 런던까지 이어지는 가상열차의 궤도 위에 실린 마음은 남과 북이 함께 타고 멀리 유럽까지 이어지는 하나의 길을 꿈꾸는 염원이었다. 광장에서 울려 퍼지던 웃음과 환호는 통일이라는 단어를 현실로 끌어오는 힘처럼 느껴졌다.

우리는 '고향으로 가는 길'이라는 테마로 부스를 마련했다. 부스 앞에는 북녘고향으로 향하는 열망을 담아 만든 통일열차 모형을 설치했다. 멀리 보이는 길 끝에 고향이 있을 것만 같은 풍경을 형상화하고 싶었다. 부스 안은 북녘의 정취가 한껏 느껴지도록 꾸며 탈북민들에게 고향이 어떤 의미인지 국민들이 조금이나마 공감할 수 있도록 했다.

통일열차는 새조위가 통일을 꿈꾸며 만들어낸 대표적 상징물이었다. 하루빨리 진짜 열차를 타고 고향으로 돌아가자는 염원을 작은 모형 안에 꾹꾹 눌러 담았다. 부스에서 진행한 통일 날짜 맞히기 행사도 큰 호응을 얻었다. 방문객들은 자신이 꿈꾸는 통일 날짜를 적어 한반도 지도 모양의 타임캡슐에 넣었다. 하루도 지나지 않아 지도 안에는 알록달록한 작은 공들로 가득 찼다.

어른 아이 할 것 없이 길게 서 있는 광경을 바라보며 마음속으로 빌었다.

'이 중 누군가 적은 날짜가 로또처럼 딱 맞아떨어지기를!'

기적처럼 통일이 오지 않더라도 그렇게 수많은 마음들이 모이면 거기에 조금씩 가까워지리라 믿었다.

서울시청 광장에서 열린 '글로벌 통일퀴즈 쇼'는 그야말로 흥과 열기로 가득한 축제의 한 장면이었다. 외국인 유학생들이 두 명씩 짝을 지어 총 30개 팀이 '통일 실력'을 겨루는 자리였다. 우리는 북한사회와 통일 문제 전반을 아우르는 정치, 사회, 문화 분야의 30개 문항을 준비했다. 진행은 새조위 인턴 앤드류와 탈북민 출신으로 현재 서울사이버대 교수로 재직 중인 이지영 진달래회 회장이 맡았고 나도 틈틈이 마이크를 잡고 분위기를 돋웠다.

퀴즈가 시작되자 놀라운 광경이 펼쳐졌다. 참가한 외국인들이 거의 모든 문제를 척척 맞히는 것이었다. 지켜보던 사람들은 감탄을 금치 못했다. 그날 우리는 한반도 통일에 대한 관심이 생각보다 훨씬 더 글로벌하다는 사실을 새삼 깨달았다.

퀴즈 중간에 '아리랑'이 흘러나왔다. 모두가 잠시 퀴즈를 멈추고 한데 어울려 춤을 추었다. 언어도 국적도 다른 이들이었지만 그 순간만큼은 하나가 되어 손을 맞잡고 웃었다. 대상과 최우수상을 받은 팀에는 특별 보너스로 판문점 투어 참가 자격이 주어졌다. 축제 같은 하루가 끝나갈 즈음엔 뿌듯함이 가슴속으로 넘실넘실 차올랐다.

통일은 한국만의 숙제가 아니다. 세계가 함께 꿈꿀 때 그 길은 훨씬 더 가까워질 것이다. 통일박람회의 하이라이트는 단연 새조위의 흥이었다. 광화문 잔디밭 위에서 우리는 목청껏 통일을 외치며 온몸으로 그 염원을 표현했다. 평소 새조위를 이끌면서 나는 보이지 않는 손처럼 조용히 탈북민들을 돕는 길을 택했다. 드러내는 것을 삼가며 목소리조차 자제해왔던 나였다. 하지만 그때만큼은 달랐다. 한마디로 새조위의 끼가 한껏 발산된 행사였다.

박람회 내내 20여 명의 탈북민들이 부스를 지켰다. 그들의 끼는 그야말로 폭발적이었다. 북한에서 억눌렸던 끼를 남한에서 마음껏 펼쳐내는 듯했다. 한번 분위기가 달아오르자 누구도 그 에너지를 막을 수는 없었다. 북소리가 광화문에 울려 퍼졌다. 새조위가 운영하는 아우름예술단에서 가져온 북 10개가 현장을 흥으로 물들였다.

처음에는 몇몇 부스에서 '저건 뭐지?' 하는 시선이 느껴졌다. 하지만 시간이 흐르자 박람회장은 하나가 되었다. 나의 부스 너의 부스가 사라지고 북소리에 발걸음을 맞춘 모든 이들이 함께 어울렸다. 통일을 향한 마음이 북소리와 함께 광장을 울릴 때 나는 생각했다. '이게 바로 우리가 꿈꾸는 통일의 울림이 아닐까.'

쉬지 않고 춤추고 노래하니 광화문 박람회장은 어느새 거대한 축제의 마당이 되었다. 남과 북이 서로 어깨동무하고 꼬리를 이어 기차놀이를 하며 통일을 외치는 목소리가 잔디밭을 가득 채웠다. 맨발로 푸른 잔디를 끝에서 끝까지 달리고 또 달리며 웃음과 흥이 한데 뒤섞였다.

녹색과 분홍색 단체 티셔츠를 입은 수십 명이 함께 춤추고 뛰어다니는 모습은 그 자체로 하나의 퍼포먼스였다. 방문객들의 시선은 자연스레 우리에게 모였고 새조위 부스 앞은 발 디딜 틈이 없을 정도로 북적였다. 사람들은 단순히 전시를 보러 온 것이 아니라 통일의 열기를 몸으로 느끼러 온 듯했다.

지나가던 외국인들까지도 발걸음을 멈추고 연신 핸드폰 셔

터를 눌러 우리의 흥거운 모습을 담았다. 방문객들은 여기저기서 엄지를 치켜세우며 환호와 격려를 아끼지 않았다. 넘치는 끼에다 기(氣)까지 보태지니 하루 종일 뛰고도 이상하게 지치지 않았다.

잠시 숨을 고르며 쉬고 있으면 다른 부스에서 "새조위가 잠깐 멈추니 광장이 조용해진다"며 농담 반 성화 반으로 우리를 불러세울 정도였다. 그때 누군가 말했다.

"새조위가 광화문 광장을 쓸고있네, 달려요 달려!"

지금 떠올려도 가슴이 두근거리는, 참으로 신나는 축제였다. 내가 처음 행사를 구상하며 품었던 생각이 실현된 것이다. 무언가를 제대로 알리고 싶으면 제일 먼저 사람을 모아야 한다. 그리고 사람을 모이게 하는 힘은 '흥'이다. 명강사의 강의가 귀에 쏙쏙 들어오는 이유도 재미가 있기 때문이다. 재미가 빠지면 아무리 훌륭한 콘텐츠도 사람들의 마음에 닿기 어렵다. 그날 광화문에서 울려 퍼진 흥은 통일의 메시지를 가장 멀리, 가장 크게 전하는 메가폰이었다.

박람회 마지막 날 우리는 홍용표 통일부 장관과 함께 박람회장을 돌며 흥을 돋우었다. 그날의 열기를 떠올리면 지금도 얼굴이 달아오른다. 아마 지금 다시 하라면 쑥스러워 발을 뺄지도 모르겠다. 그때는 오직 통일이라는 생각 하나뿐이었다. 나 역시 에너지가 넘치는 푸른 청춘이었으니 가능한 일이었다.

새조위는 2년 연속으로 통일부 장관상과 행복한 통일상, 어울림 공감상을 받았다. 10년이라는 세월이 흘렀지만 그때 광화문 광장에서 외친 통일의 함성은 아직도 내 귓가에 생생하다. 돌아보면 그 열정과 그 에너지가 있었기에 새조위가 지쳐도 멈추지 않고 여기까지 달려올 수 있었다.

함성을 지르고 북을 치며 춤추고 노래했던 모든 회원들에게 지금도 넘치는 고마움을 느낀다. 그 감사함을 가슴 깊이 품으며 언젠가 또다시 광장을 뜨겁게 달굴 새로운 '통일 축제'를 꿈꾼다.

뛰어보자! 남한사회

'네가 나를 모르는데 난들 너를 알겠느냐….'

1990년대 초반 김국환의 노래 '타타타'의 이 한 구절은 가볍게 흘려듣기엔 너무 깊은 뜻을 품고 있다. 우리는 서로를 잘 알지 못하면서도 안다고 착각한다. 서둘러 선을 긋고 너는 이런 사람이라고 쉽게 단정 짓는다. 하지만 노랫말처럼 네가 나를 모르듯 나도 너를 모른다.

탈북민들도 마찬가지다. 낯선 남한사회에서 하루하루 적응하며 살고 있지만 궁금한 것이 너무 많다. '우리'라고 부르면서도 정작 마음을 열어 묻고 들어줄 기회조차 만들어주지 않으니 그들의 궁금증은 속으로만 켜켜이 쌓여간다. 서로 모르는 것을 모른다고 인정하고 천천히 다가가 묻고 듣는 것, 어쩌면 그것이 통일을 향해 걸어가며 가장 먼저 배우고 실천해야 할 자세일지 모른다.

적응이란 낯선 것을 하나씩 낯익은 것으로 바꿔 가는 긴 여정이다. 탈북민을 돕는다는 것은 단순히 손을 잡아주는 일이 아니라 그 여정에서 낯선 것들을 조금씩 편안하게 만들어주는 과정이다.

한 가정집을 방문했는데 화장대 위에 놓인 화장품마다 숫자가 붙어 있는 것을 보았다. 궁금해 이유를 묻자 그녀가 쑥스러운 듯 말했다.

"화장하는 순서를 몰라서 이렇게 번호를 붙였어요."

그 말을 듣는데 마음이 철렁했다. 그동안 정착 지원을 한다면서 너무 멀리 있는 것들만 고민해온 건 아닐까. 정작 이들에게 가장 필요한 건 가까이 있는 생활의 작은 것부터 배우고 익히는 일이었다. 그날 나는 마음속으로 다짐했다.

'화장하는 법부터, 생활 속에서 당장 필요한 것부터 가르쳐 드리자.'

나는 어떤 생각이 스치면 오래 고민하지 않는다. 탈북민 여성들에게 꼭 필요한 미용강좌를 열어야겠다는 생각이 떠오르자 곧장 소비자상담을 하며 알고 지내던 태평양화학(현 아모레퍼시픽) 이보섭 이사님께 연락을 드렸다. 취지를 설명하니 그는 주저 없이 "좋습니다. 제가 도와드리죠"라고 흔쾌히 수락

하셨다.

이사님은 당시 직장 내에서 여성의 입지가 지금보다 훨씬 약했던 시절에 임원 자리까지 오른 입지전적인 인물이었다. 부드러운 카리스마와 진취적인 추진력을 겸비해 막히는 일을 찾아볼 수 없을 정도로 길을 여는 분이었다. 그 모습은 마치 든든한 엄마 같으면서도 앞서 길을 내는 선구자 같았다.

세상을 이리저리 둘러보면 따뜻한 사람들이 많다. 마음속 구석구석에 어둠이 짙게 드리워져도 이런 사람들 덕분에 세상은 여전히 살만한 곳이 된다. 누군가의 작은 생각 하나가 선한 마음을 만날 때 그것은 곧 누군가의 삶을 바꿀 수 있는 빛이 된다.

2007년 3월, 서울 용산에 있는 태평양화학 본사에서 첫 미용강좌가 열렸다. 탈북민 여성 20여 명이 다양한 화장품을 하나하나 만져보며 한마디라도 놓칠세라 귀를 쫑긋 세우고 강사의 말에 집중했다.

본격적인 화장 시연에 앞서 심현숙 실장이 짧은 인사와 함께 강좌의 취지를 설명했다. 그 말 한마디 한마디에서 탈북민 여성들을 위해 마음을 다해 준비한 진정성이 느껴졌다. 작은 디테일 하나까지 배려가 묻어났고 참석한 여성들의 표정에도 그 따뜻함이 스며드는 듯했다.

"제가 오늘 이 강좌를 준비하면서 여러분들이 살던 곳에서 쓰는 표현들을 조금 찾아봤어요. 정말 재미있는 말들이 많더라고요. 저희는 얼굴을 씻어낼 때 보통 클렌징크림이나 클렌징폼을 써요. 아니면 미용비누를 쓰기도 하고요. 그다음 단계로는 화장수를 바르는데 여러분이 살던 곳에서는 그걸 '살결물'이라고 부른다고 되어 있더라고요. 맞죠?

여기서는 화장수나 스킨이라고 부르거든요. 한국에서는 스킨이라고 하는 말이 더 익숙하게 쓰이니까 여러분도 점점 그렇게 받아들이시면 좋을 것 같아요."

심현숙 실장의 설명은 웃음을 자아내면서도 부드럽게 다가왔다. 서로 다른 말이지만 결국 같은 것을 뜻한다는 사실에 탈북민 여성들은 고개를 끄덕이며 미소를 지었다. 그날 강의실에는 화장법을 배우는 시간 이상의 무언가가 있었다. 언어가 조금씩 맞춰지고 낯선 세상이 서서히 친근해지는 순간이었다.

웃음이 터져 나오면서도 '먼저 사시던 곳'이라는 강사의 표현에 순간 마음이 아릿해졌다. 그 한마디가 그녀들이 겪어야 했던 시간과 거리를 떠올리게 했다.

강사는 탈북민 여성 한 명을 앞자리에 앉히고 직접 화장법을 시연했다. 손길은 친절했고 설명도 꼼꼼했다. 참석자들은 하나라도 놓칠세라 눈을 크게 뜨고 신기하다는 듯 지켜보았다.

탈북민 여성들은 남한에 오면 화장품 종류가 너무 많고 이름도 낯설어 화장을 어렵게 느낀다. 심지어 같은 조선말을 쓰는데도 "무슨 뜻인지 영 모르겠다"고 말할 때가 많다. 특히 화장품 이름에 섞여 있는 영어 표현은 이해하기가 더 난감하다. 그날 강좌는 단순히 화장을 배우는 시간이 아니라 언어와 문화의 간극을 하나씩 메워가는 과정이었다.

"셀프라도 물은 줘야지!"

언어가 만들어낸 '웃픈' 에피소드가 있다. 한 탈북민 어머니가 딸들과 함께 식당에 갔다. 음식을 주문하고 앉아 있는데 다른 손님들은 모두 물을 마시고 있었다. 아무리 기다려도 물이 나오지 않자 어머니는 잠시 주저하다 용기를 내어 종업원에게 물었다.

"우린 물을 왜 안 주오?"

종업원은 아무렇지 않게 대답했다.

"물은 셀프입니다."

잠시 멈칫하던 어머니는 얼굴을 붉히며 말했다.

"아니 아무리 셀프면 셀프지, 셀프라도 물은 줘야지!"

남한사람에게 익숙한 셀프라는 말이 그들에게는 낯선 언어였다. 분단의 장벽이 높아지면 같은 말도 뜻이 달라진다. 생활문화가 다르면 언어로 인한 오해가 생길 수밖에 없다. 그날의 해프닝은 주위 사람들을 웃게 했지만 탈북민들에게는 남한사회가 여전히 낯설다는 사실을 보여주는 단면이었다.

당시 KBS '남북의 창'에서는 이 메이크업 강좌를 상세히 보도했다. 리포터의 인터뷰에 응한 한 탈북민 여성은 남한 생활 5년 차였다. 그는 고난의 행군 시절이 자신에게는 견디기 힘든 배고픔의 시작이었다고 조심스레 털어놓았다. 이곳에서 조금씩 삶이 나아지면서 시민단체에 소속된 예술단에서 노래도 하고, 시간이 날 때마다 어르신이나 장애인들을 위해 위로공연을 다닌다고 했다.

그는 화장법에 관심을 가지게 된 것도 새조위의 가정방문 프로그램 덕분이라고 했다. 화장법을 배우고 나니 기분이 묘해서 자꾸만 거울을 들여다보게 된다며 수줍게 웃었다. 한국말에서 '묘하다'는 참 묘한 뜻을 가진 단어다. 너무 기뻐도 묘하고 너무 슬퍼도 묘하다. 그 인터뷰를 보면서 내 마음도 여러 겹의 생각이 겹쳐졌다. 도움을 받던 그가 이제는 누군가를 위해 무대에 서서 노래한다는 사실이 대견하면서도, '고난의 행군'의 참혹함을 알기에 그가 겪었을 아픈 날들이 내 눈물샘을 자극했다.

그날 방송의 타이틀은 '꿈을 심는 사람들'이었다. 나는 화면 속 그녀가 웃으며 말하는 모습을 보며 생각했다. '그래, 저 사람도 이곳에서 누군가의 마음속에 작은 꿈을 심고 있구나.' 그 씨앗이 큰 나무가 되어 그늘과 열매를 나누는 날이 오길 간절히 바랐다.

경기도 영어마을 파주캠프를 방문했다. 탈북민들은 오전에 인천공항에서 환전하는 법과 출국 절차를 배우고 파주캠프에 있는 모의 출입국사무소에서 입국 서류 작성, 여권 확인 입국 절차를 익혔다. 모의 병원시설도 방문해 기초적인 질병에 대한 지식과 나라마다 조금씩 다른 병원 이용법을 배웠다. 낯선 남한 땅에서 홀로서는 연습을 한 것이다.

탈북민에게 인천공항은 통일의 관문 같은 곳이다. 비행기를 타본 경험이 거의 없지만 삶에 조금씩 여유가 생기고 모임도 만들어지면서 해외여행에 나서는 사람들이 늘어나고 있다. 그래도 공항은 이들에게 더없이 낯설고 익숙하지 않은 곳이다. 대부분 탈북민은 남한에 입국할 때 난생처음으로 비행기를 타봤다고 한다.

그들에게 인천공항은 자유와 새로운 삶으로 이어지는 문턱이다. 공항은 여전히 그들에게 낯선 공간 중 하나다. 비행기를 타본 경험이 거의 없었던 이들에게 남한에 입국했던 첫날의 비행은 설렘과 두려움이 뒤섞인 기억으로 남아 있다. 어쩌다 공항을 지나 비행기에 오를 때마다 그들의 가슴속에는 이 길이 다시 고향으로 이어질 날이 오기를 바라는 간절한 소망이 파도처럼 밀려온다.

탈북민의 춤사위는 대개 단순하다. 덩실덩실 어깨를 들썩이며 추는 춤이 전부인 경우가 많다. 그래서일까. 남한에서 다양한 몸짓으로 춤을 표현하는 모습을 볼 때면 탈북민들의 눈빛은 호기심과 동경으로 반짝였다. 그 마음을 읽고 마련한 프로그램이 바로 '열정의 춤, 플라멩코 배우기'였다.

붉은 드레스를 휘날리며 현란하게 발을 구르고, 손끝까지 살아 있는 열정의 춤사위를 펼치는 무용수들을 처음 마주한 순간 탈북민들은 넋을 잃은 듯 무대에 빠져들었다. 그들에게 플라멩코는 태어나서 처음 보는 자유와 해방의 몸짓이었다. 북에서 보아온 것은 규율과 일사불란함이 강조된 군무뿐이었다. 움직임 하나까지 통제되고 감정보다 형식이 앞서는 춤이었다.

이곳에서 본 플라멩코는 달랐다. 춤꾼의 발끝이 내디딜 때마다 억눌려 있던 감정이 불꽃처럼 터져 나왔다. 그 열기에 이끌리듯 탈북민들은 시범공연이 끝나자 기다렸다는 듯이 무대 앞으로 다가섰다. 이제는 직접 그 춤을 배워볼 차례였다. 낯선 몸짓이었지만 그들의 표정은 오랜 억압을 벗고 자유를 배우는 듯 환하게 빛났다.

볼 때는 넋을 잃고 감탄했지만 막상 무대에 올라 원색의 개성이 강한 플라멩코 의상을 입으려니 여기저기서 쑥스러운 웃음이 터져 나왔다. 긴 치맛자락을 손에 쥐고 서 있는 모습이 서툴러 서로를 보며 킥킥대는 사이에 강사의 목소리가 부드럽지만 단호하게 울려 퍼졌다.

"손가락 힘 푸세요. 그렇죠, 예뻐요. 팔은 조금 더 부드럽게. 네, 다시… 그렇게요."

어색하던 표정이 조금씩 풀리면서 몸짓에 생기가 돌았다. 처음에는 낯선 춤사위가 서툴렀지만 음악이 흐르자 누구랄 것 없이 발끝에 리듬을 실었다. 억눌렸던 마음까지 함께 풀리는 듯 몸이 자연스레 춤을 기억하기 시작했다.

한국플라멩코협회장 룰라 장은 지켜보다가 환한 미소를 지으며 말했다.

"오늘 가르쳐보니 정말 놀랐습니다. 목소리도 활기차시고 동작도 밝고 경쾌하시네요. 앞으로 기회가 된다면 이분들과 함께 무대에서 공연까지 해보고 싶네요."

탈북민들은 대부분 자본주의 경제 시스템을 경험해보지 못한 상태에서 남한사회에 정착하다 보니 각종 경제사기의 표적이 되기 쉽다. 원금 보장, 고수익 보장이라는 달콤한 말에 속아 정착금과 어렵게 모은 돈을 잃는 경우가 허다하다.

60대 초반 탈북민 여성의 사례는 특히 가슴을 아프게 한다.

한국에 온 지 10년이 지나 생활이 조금 안정되자 지인이 "100만 원을 투자하면 매달 10만 원씩 이자가 나온다"는 말로 투자를 권유했다. 처음엔 정말 매달 10만 원이 들어와 돈이 공짜로 생긴다며 신기해했고 욕심도 생겼다. '천만 원이면 백만 원이 들어오겠지' 하는 생각에 5년간 일해 모은 재산에 결혼한 딸 명의 대출까지 합쳐 1억 원을 맡겼다. 이 달 저 달이 지나면서 회사 측과의 연락이 끊겼고 원금도 이자도 모두 사라졌다. 카드대출 이자라도 갚기 위해 새벽부터 밤까지 무리하게 일을 하다 허리까지 다쳐 일을 그만두었고 결국 신용불량자라는 낙인까지 떠안게 되었다.

탈북민 정착 과정에서 금융교육이 얼마나 절실한지 새삼 실감케 하는 사례이다.

경제지식 부족으로 인한 탈북민들의 피해를 예방하기 위해 연세대학교 경제학과 '리치(RICH)'팀 학생들과 뜻을 모아 매주 한 번씩 교육을 진행했다. 주요 대상은 금융사기에 취약한 어르신들이었다. 학생들은 강의만 하는 것이 아니라 이해하기 쉽게 사례를 들어 설명하고 질문을 받아 가며 실생활에서 바로 적용할 수 있는 지식을 나누었다.

또한 리치팀은 청소년 탈북민들을 위해 '일일 가게'라는 체험 프로그램도 정기적으로 열었다. 아이들이 직접 가게를 운영하며 돈을 벌고 쓰는 과정을 몸으로 익히도록 도왔다. 탈북 청소년들은 어려운 숫자가 아닌 생활과 직결된 현실로서의 경제를 자연스럽게 깨달아갔다.

나는 경제교육 시간을 지켜볼 때마다 마음이 뜨거워졌다. 젊은 청춘들이 바쁜 학업과 일정을 뒤로하고 탈북민들의 삶에 한 걸음 다가와 경제적 자립이라는 희망의 씨앗을 심는 모습이 너무도 감사했다. 절망 속에서 한 줄기 빛을 비춰주는 그들이야말로 탈북민들에게 '미래를 여는 스승'이었다.

우리는 탈북민들의 사회 적응을 돕기 위해 다채로운 프로그램들을 꾸준히 운영해왔다. 고궁을 함께 둘러보며 남과 북이 함께했던 역사와 문화를 돌아보고, 원주 판화박물관에서는 옛날 책을 직접 만들어보는 체험도 진행했다. 강원도 관동팔경을 감상하고, 강화도에서는 1박 2일 일정으로 전통 화문석 만들기에 참여하며 고유한 문화의 숨결을 느꼈다.

2008년에는 탈북민들이 직접 만든 공예품들을 모아 국회에서 전시회를 열었다. 많은 국회의원들이 전시장을 찾아 그들의 작품을 살펴보며 깊은 관심과 격려를 보냈다. 모두가 하나같이 '뜻이 참 좋다'며 뜨거운 호응을 보낸 그날의 기억은 지금도 생생하다.

지금도 몇 장의 당시 사진을 간직하고 있는데 환하게 웃고 있는 탈북민들의 모습이 나를 자꾸만 옛 시절로 데려간다. 그 웃음 속에는 힘겨웠던 과거를 딛고 새 삶을 시작한 이들의 희망과 용기가 고스란히 담겨 있다.

통일운동은 휴전선 철망을 걷어내는 거대한 일이 전부가 아니다. 작은 일상의 실천들이 모여 통일과 사회통합의 밑거름이 된다. 나는 구호나 선언보다 '작은 실천'이 세상을 바꾸는 진짜 힘이라고 믿어왔다.

지식은 책에서 얻지만 지혜는 삶 속에서 길어 올린다고 했다. 세상은 직접 걸어보고 느껴야만 그 풍경이 눈에 들어온다. 듣는 것과 실제 경험하는 것은 천지 차이다. 진짜 변화의 시작은 직접 몸으로 체험하는 경험이다.

씨앗을 심을 때도 깊이가 중요하다. 너무 깊으면 썩고 너무 얕으면 싹을 틔우지 못한다. 탈북민들이 남한사회에 적응하는 과정도 그렇다. 조금씩 눈높이를 맞춰가며 함께 걸어가야 한다. 그들은 아직 우리와 조금 다르지만 생각을 바꿔 우리가 북한 땅에 간다면 그쪽에서는 우리가 다르다고 할 것이다.

'바다는 강을 품지만 강은 바다를 품지 못한다'고 했다. 탈북민들은 다른 곳에서 왔지만 우리가 품고 이해해야 할 이유는 분명하다. 그들을 품으려면 우리의 가슴이 바다처럼 깊고 넓어져야 한다. 이해와 공감은 통일로 가는 문이자 길이다.

4장

내면으로 걷는 시간

마음 공부는 바깥에서 배우는 것이 아니라
안에서 스스로 깨우쳐야 한다.

길 위에서 다시 책을 들다

성현들은 안으로 덕과 재능을 쌓고 밖으로 국가를 위해 일하라고 가르쳤다. 내 안은 아직 부실하기만 했다. 더 배움이 필요하다는 사실을 절실히 느꼈다. 배움을 게을리한 사람 중에 위대한 업적을 남긴 이는 없다. 부족한 능력을 키워 제대로 된 통일운동가가 되리라 결심했다.

석사 과정에서 북한을 공부하기 시작했다. 때로는 회의감이 들기도 했다. '과연 북한을 계속 연구하는 게 무슨 의미가 있을까?' 하는 물음이 머리를 스쳤다. 그럴 때마다 마음을 다잡았다. 내가 하는 일이 실질적인 도움이 되려면 한반도 반쪽에서 70년 넘게 벌어진 일들과 그곳 사람들의 삶을 제대로 이해해야 한다고 믿었다.

북한 주민들이 어떤 현실 속에서 살아가고 있는지, 어떤 꿈을 품고 있는지를 알아야만 통일운동에도 진정한 힘을 보탤 수 있다. 배움의 길이 쉽지 않지만 더 나은 내일을 위해 함께 걸어보자고 거듭 다짐했다.

어느 날 새조위 임원들과 시민단체의 전문성에 대해 이야기를 나누는데 설립자께서 조용히 말씀하셨다.

"활동 분야에서 학위가 있는 사람이 단체 대표면 더 신뢰가 가겠지요. 논문도 죽은 논문이 아니라 현실에 바로 적용할 수 있는 살아 있는 연구이면 더 좋을 겁니다."

그날 집에 돌아와 퇴근한 남편에게 조심스럽게 내 생각을 꺼냈다. 석사 과정도 남편의 큰 도움을 받았기에 박사 공부까지 하겠다는 것이 솔직히 미안했다. 남편은 한결같이 내 편이 되어주었다.

"당신이 하고 싶다면 열심히 해봐. 난 항상 당신 편이야."

그 한마디가 얼마나 큰 힘이 되었는지 모른다. 남편의 응원으로 힘을 얻은 나는 기대와 설렘을 안고 또 다른 배움의 길에 나섰다.

박사 공부를 시작한 해는 2005년이었다. 2년간의 대학원 코스워크는 힘든 과정이었다. 당시 나는 일주일 내내 새조위 관련 프로그램에 쫓기다시피 했다. 새조위 일을 하느라 공부가 부족한 날이면 학교 가기 한 시간 전부터 설립자와 '예비토론'

을 하며 부족한 부분을 채웠다. 토론은 긴장되고도 흥미로운 시간이었다.

설립자는 무불통지(無不通知), 그야말로 모르는 게 없는 분이었다. 북한에 관련된 모든 분야에서도 놀랄 만큼 해박했다. 하루 종일 독서하며 사색을 즐기시던 분이었고 나에게는 동료 학생이자 때로는 엄격한 교수이기도 했다. 설립자와의 토론은 내 사고의 지평을 넓혀주고 학문에 대한 열정을 더욱 불태우게 한 소중한 시간이었다.

북한의 통치이념인 주체사상 이론을 정립한 황장엽 선생님이 강남에서 소규모 강의를 하실 때 몇 차례 찾아가 직접 배우기도 했다. 황 선생님의 사무실이 여의도에 있을 때는 설립자님을 따라가기도 했다. 황 선생님과의 만남은 내 연구와 활동에 큰 자극이 되었고 북한을 이해하는 데 알찬 밑거름이 되었다.

2009년 한 해에만 탈북민 입국자가 무려 3천 명에 달했다. 같은 해 국회의원 회관에서 열린 '탈북민 남한사회 적응 10년, 현주소'라는 주제의 세미나에서 나는 탈북민 755명을 대상으로 조사한 '남한주민과 탈북민 상호인식'에 관한 연구 결과를 발표했다.

당시 '상호인식' 연구는 사회적으로 큰 반향을 일으켰고 조선

일보 사설에도 인용되는 등 주목을 받았다. 실증적 데이터가 부족했던 시기였기에 의미가 컸지만 훗날 박사 학위 주제로 삼으려던 계획은 그사이 유사한 논문이 출간된 것을 알게 되면서 아쉬움을 남겼다. 마음속에 품고 있던 또 다른 주제들이 있었지만 인연이 닿지 않아 펼치지 못한 것들이 많았다.

  나는 무엇보다 정부가 탈북민에 대한 일반주민들의 편견을 바꾸기 위한 정책을 적극적으로 추진해야 한다고 생각했다. 시민단체들도 이에 발맞춰 일반주민을 대상으로 한 프로그램을 확대하고 함께 살아가는 공존의 지혜를 모아야 한다고 여러 모임에서 강조했다.

  돌이켜보면 탈북민에 대한 사회적 인식은 크게 개선되었다. 탈북민 출신 국회의원이 네 명이나 배출되었고 교수, 과학자, 공무원, 의료인, 사업가 등 각 분야에서 전문가들로 사회 곳곳에 뿌리를 내리고 있다. 통일운동 시민단체에서 오랜 시간 몸담아 온 나로서는 이들이 자유대한민국의 든든한 일원으로 자리매김하는 모습을 볼 때마다 가슴이 벅차오른다. 그들의 발걸음이 바로 통일의 미래이며 그 길 위에서 모두가 함께 걸어갈 날을 기대한다.

  논문을 완성하고 박사학위를 받는 데 무려 7년이라는 시간이 걸렸다. 바탕 지식이 부족한 탓도 있었지만 새조위 일을 병행하려니 공부할 시간이 턱없이 부족했다. 논문이 늦어지자 고유환 지도 교수님께서 걱정을 많이 하셨다.

고민 끝에 설립자께서 강조하셨던 살아 있는 논문을 쓰기로 결심했다. 탈북민 의료지원 분야를 연구 주제로 정했다. 이 연구는 새조위가 운영하는 탈북민 의료상담실의 실무 경험과 데이터를 바탕으로 이루어졌다. 논문 제목은 '탈북민을 위한 의료지원 연구'였다.

솔직히 한 학기 정도 더 늦추고 싶었지만 서강대 김영수 교수님께서 "학위는 라이선스와 같다. 일단 받고 이후에 추가 연구를 계속하면 된다"고 격려해 주셔서 큰 용기를 얻었다. 말씀 덕분에 나는 마침내 논문을 완성하고 박사학위를 받았다. 과정은 힘들었지만 내 인생과 통일운동에 있어 가장 뜻깊은 성취 중 하나였다.

논문을 마무리하던 마지막 몇 달은 사무실이 곧 내 숙소이자 공부방이었다. 집과 사무실을 오가는 시간이 아까워 마지막 3개월은 간이침대를 사무실에 들여놓고 밤낮없이 논문 작업에 몰두했다. 새벽까지 글을 쓰고 얼굴도 제대로 씻지 않은 모습을 보고 직원들이 웃으며 놀리기도 했다.

시간에 쫓기면서도 결국 박사라는 작은 타이틀을 손에 쥐었고 그 학위를 발판 삼아 대전을 오가며 배재대학교에서 2년간

학생들을 가르쳤다. 어릴 적 품었던 교수라는 꿈을 어느 정도 이루게 된 셈이다. 내 강의를 들었던 한 제자가 진로를 바꿔 북한학 박사가 되었을 때는 그 어떤 성취보다 뿌듯함이 밀려왔다.

박사학위를 받은 지 얼마 되지 않아 자유아시아방송(RFA)에서 전화 인터뷰 요청이 왔다. 남한주민들이 탈북민들을 조금이나마 더 잘 이해하는 데 도움이 되고자 하는 마음으로 인터뷰에 성실히 응했다. 인터뷰에서는 논문의 주요 내용과 함께 탈북민들의 전반적인 건강 상태, 주로 앓고 있는 질병 등에 관해 구체적인 질문이 이어졌다. 나는 다음과 같은 내용을 중심으로 상세히 설명했다.

> 탈북민의 40% 이상이 건강 문제로 인해 직장을 떠나거나 경제활동을 제대로 하지 못하는 현실은 심각한 사회문제다. 건강 문제는 정부가 추진하는 탈북민 자립·자활 정책의 가장 큰 걸림돌로 작용하고 있다. 나는 논문에서 이 문제를 실증적으로 분석하며 체계적인 의료지원 시스템 구축이 절실하다는 점을 강조했다. 연구를 위해 탈북민 400명을 직접 설문조사했고 새조위 의료상담실에 접수된 4,700건에 달하는 의료 상담 기록도 꼼꼼히 분석했다.
> 또한 의료상담실 이용자 중 23명을 대상으로 포커스그룹 인터

뷰와 집중 인터뷰를 진행해 상담 서비스에 대한 만족도와 개선점을 심층적으로 조사했다. 이 같은 연구 결과는 탈북민 건강 지원 정책 마련에 중요한 기초 자료로 활용되었다.

남한에 와서도 탈북민들의 건강 상태가 크게 호전되지 않는다는 사실은 매우 안타깝다. 2007년 입국 전 조사에 따르면 남성 탈북민의 34.6%, 여성은 무려 55%가 본인의 건강 상태를 '나쁘다'고 응답했다. 2011년 입국 후 조사에서도 남성 34%, 여성 55%가 여전히 건강이 나쁘다고 답해 큰 변화가 없음을 보여주었다. 특히 여성의 건강 상태가 남성보다 상대적으로 더 좋지 않은 편이었다.

흥미롭게도 일부 조사에서는 남한 생활을 하면서 아픈 곳이 더 많아졌다는 응답도 있었다. 이는 북한이나 제3국에 있을 때는 심신이 고달파 아픈 것조차 제대로 느끼지 못했으나 남한에 와서 보금자리가 생기고 신변 안전이 보장되면서 비로소 몸 상태를 더 자각하게 된 결과일 수도 있다.

'마음이 너무 고되면 몸이 아픈 것조차 느끼지 못한다'는 말처럼 탈북민들이 겪는 정신적·육체적 고통은 단순한 건강 문제를 넘어 깊은 심리적 상처를 반영한다. 탈북민들의 건강 문제는 성별과 연령대에 따라 뚜렷한 특징을 보인다. 전체적으로 많이 치료받는 질병은 내과, 산부인과, 정형외과, 신경과 순으로 나타났다. 특히 위염의 비중이 높았는데 남성 탈북민의 38.5%, 여성의 20.9%가 위염 관련 치료를 받은 것으로 조사되었다.

20대 탈북민의 경우 빈혈 환자가 의외로 많았다. 이는 영유아기 시절 영양 상태가 좋지 않았던 것과 관련이 깊어 보인다. 또한 20대 탈북민 중 25%가 간염 치료를 받은 점도 주목할 만하다. 간 질환은 남성이 여성보다 훨씬 더 높은 비율로 나타났다. 성별과 연령별로 다양한 건강 문제가 나타나며 이는 탈북민 맞춤형 의료지원의 필요성을 더욱 강조한다.

'아는 만큼 보인다'는 말처럼 배움을 쌓을수록 모르는 게 더 많아진다는 것을 실감한다. 북한학 박사라는 타이틀은 우리 민족의 숙원인 남북통일 문제를 풀기 위한 연구와 탈북민 지원 및 사회통합에 앞장서라는 격려이자 채찍이라고 생각한다.

동료상담사로 피어나다

 튼튼한 토대와 견고한 기둥이 있어야 궁궐을 짓는다. 토대가 약하면 기와 몇 장만 올려도 지붕이 무너지고 기둥이 부실하면 잔바람에도 집이 흔들린다. 단단한 내일을 꿈꾸려면 오늘을 야무지게 살아야 하고 큰 목표를 이루려면 작은 실천들이 촘촘히 쌓여야 한다. 봄이 뿌리부터 내리듯이 모든 일은 기초가 중요하다.
 새조위는 탈북민들이 남한사회에 단단히 뿌리내리기 위해서는 무엇보다 전문가 양성이 절실하다는 것을 절감했다. 제대로 된 기초와 기둥 없이는 건강한 성장이 어렵다고 판단했다. 전문가는 탈북민 정착지원에 든든한 토대이자 기둥이 될 거라고 생각했다.
 새조위에서 최소 3개월 이상의 교육을 받고 자격증을 취득한 탈북민은 800명이 넘는다. 이들은 탈북민전문상담사, 성폭력상담원, 가정폭력상담원, 코치, 통일코디네이터 등 다양한 분야에서 활동하며 전문성을 키워왔다. 지난 22년간 상담과 프로그램을 통해 만난 탈북민 수만 해도 수천 명에 달한다. 이들 가운데는 남한사회의 당당한 구성원으로 자리매김하며 자신만의 역할을 수행하는 사람도 많다.

초기 새조위 탈북민 지원사업이 시작됐을 때는 하루에 5~10명이 사무실을 찾을 정도로 상담받기를 원하는 탈북민들이 많았다. 어느 날 한 탈북민이 상담 과정에서 겪은 스트레스를 토로했다. 매주 정해진 요일마다 상담 전화를 받는데 그게 오히려 큰 부담이라고 했다. 몇 차례 전화 상담을 받아봤는데 마치 취조를 당하는 듯한 기분이 들었다는 것이다. 상담사가 고난의 행군이 무엇인지, 탈북하게 된 배경과 중국을 통한 탈북 경로 등에 대한 기본적인 이해조차 없으니 전화 상담 자체가 큰 스트레스가 된다고 털어놓았다.

그의 고충은 새조위가 전문성을 갖춘 탈북민 상담 인력을 양성하는 데 더욱 힘써야 한다는 교훈으로 다가왔다. 제대로 된 이해와 공감 없이는 상담이 치유가 아니라 또 다른 상처가 될 수 있음을 뼈저리게 느꼈다. 그의 하소연을 들으며 나는 탈북민들 스스로 전문상담사 교육을 받아 선배가 후배를 상담하고 그들의 고충을 함께 나누며 머리를 맞대고 해법을 찾아가는 시스템이 필요하겠다고 생각했다. 상담사들에게는 사회봉사 활동뿐 아니라 전문직 일자리의 기회도 생길 것이고 상담받는 이들에게는 같은 북녘하늘 아래서 살아왔다는 동질감만으로도 큰 의지와 위로가 될 수 있겠다는 확신이 들었다.

실제로 새조위 교육생이었던 한 상담사는 남북하나재단 상담사로 근무하며 경기도의 한 지역에서 할머니 댁을 방문했는데 같은 북한 출신이라는 사실만으로 할머니가 손을 꼭 잡고 한참 동안 눈물을 흘리셨다고 한다. 그동안은 남한 출신 사회복지사가 찾아와 상담해주었지만 말이 통하지 않아 답답한 마음이 컸던 터였다.

이 일화는 탈북민 전문상담사 양성의 중요성을 다시 한번 일깨워주었다. 같은 경험과 언어로 마음을 나누는 것이야말로 진정한 치유의 시작임을 절감했다.

새조위 역시 처음에는 탈북민에 대한 정보가 부족해 그들을 이해하는 데 적잖은 시행착오를 겪었다. 하지만 동병상련이라는 공감의 힘이 두 마음을 이어준다면 시행착오를 줄일 수 있겠다는 믿음이 생겼다.

2009년부터 '탈북민 전문상담사'를 양성하는 프로그램을 본격 시작했다. 선배 탈북민들이 후배들을 직접 상담하며 아픈 마음을 어루만지고 함께 치유하는 방식을 도입한 것이다. 이는 탈북민을 위한 새로운 전문 직업으로 창출했다는 점에서 큰 의미가 있었다. 이 프로그램은 선배 탈북민들에게 자신의 경험과 전문성을 바탕으로 사회에 기여할 수 있는 길을 열어주었고 후배들에게는 누구보다 큰 위로가 되는 든든한 버팀목이다.

상담사 양성 사업은 9년간 꾸준히 이어져 총 300여 명의 탈북민 전문상담사를 배출했다. 이 중 일부는 통일부, 여성가족부(현 성평등가족부), 서울시, 지역 복지관, 보건소, 시민단체, 남북하나재단 등 다양한 기관에 취업하며 일자리 창출이라는 목표가 현실로 나타났다.

여성가족부의 지원을 받아 5년간 성폭력·가정폭력 상담원 양성 과정도 진행했다. 총 120시간에 달한 이 과정은 현장 실습도 포함되어 탈북민 상담사들의 전문성을 크게 높였다. 전국 각지에서 수강생들이 몰려들어 높은 관심과 참여를 보였다. 이처럼 전문상담사 양성 사업은 탈북민들의 사회 진출과 자립을 돕는 든든한 디딤돌이 되었으며 새조위의 중요한 성과 중 하나로 꼽힌다.

특별한 일이 없는 날이면 나는 교육 시간 내내 교육생들 곁을 지켰다. 그들 한 명 한 명의 마음을 헤아리고 싶었고 그 누구도 중도에 포기하지 않기를 바라는 간절함이 있었기 때문이다. 불가피한 일정이 아니면 꼭 시간을 비워두었고 덕분인지 모든 교육생들이 무사히 수료할 수 있었다. "성공과 목표는 동일하다. 그 외의 것들은 보충설명일 뿐이다"라는 브라이언 트레이시의 말을 나는 자주 가슴에 새긴다. 목표를 분명히 세우고 마음을 모아 집중하는 것이 곧 성공으로 가는 길임을 여러 번 몸소 경험했다.

나는 수업 시간에 교육생들이 직접 묻기 어려워하는 질문이 있으면 대신 질문을 던지곤 했다. 그들이 질문자에게 보내는 시선을 불편해한다는 것을 잘 알고 있기 때문이었다. 교육 과정을 좀 더 다이내믹하고 흥미롭게 만들기 위해 다양한 프로모션도 준비했다. 내 손에 작은 선물이 들려 있는 걸 본 교육생들은 "산타가 왔다!"며 환호성을 지르곤 했다. 선물은 가장 먼저 교실에 도착한 사람, 나이가 가장 많거나 적은 사람, 교육받는 그날이 생일인 사람 등 여러 기준으로 나누어 주었다. 어느 날에는 탈북민 여성들이 화려한 신발을 신고 오는 걸 보고 즉석에서 예쁜 신발 뽑기 투표로 작은 선물을 주기도 했다.

'우리의 다짐'이라는 글을 써서 교육 시간 시작 전에 교육생들과 함께 단체로 낭독하기도 했다. 이는 자신감을 북돋우고 서로의 일체감을 다져 누구도 낙오하지 않고 모두가 교육 과정을 성공적으로 마치자는 취지였다.

　교육생들을 만날 때마다 나는 포근하게 안아주고 칭찬을 아끼지 않았다. 어쩌면 내 천성이 친정엄마를 닮아서인지 그런 마음이 자연스레 나오는 것 같다. 어릴 적 훈련 나온 군인들이 김치를 달라고 하면 엄마는 망설임 없이 김치 단지까지 내어주곤 하셨다. 그 기억이 내 안에 깊이 스며 있어 사람을 대할 때마다 진심 어린 마음을 전하게 된다.

　그 따뜻한 정이 때로는 예상치 못한 해프닝을 낳기도 했다. 나는 "너무 예쁘다", "착하게 생겼다", "정이 많을 것 같다"는 말들을 그들에게 보내는 진심 어린 사랑의 표현으로 여겼다. 하지만 그 말들이 때로는 오해와 문제를 불러일으킬 수 있다는 사실을 뒤늦게 알게 되었다.

　어느 날 한 교육생이 결석했기에 주변 사람들에게 이유를 물었더니 의외의 답이 돌아왔다. 그는 내가 몇몇 교육생만 편애해서 자신은 취업 도움도 받지 못할 것이라 생각해 굳이 교육을 받을 필요가 없다고 느꼈다는 것이었다.

　매슬로의 욕구 5단계를 들먹이지 않더라도 인정받고 싶은 욕구는 인간 내면 깊숙이 자리한 본능이다. 미국의 철학자이자 심리학자인 윌리엄 제임스는 "인간 본성의 가장 끈질긴 욕망은 인정받고 싶은 것이다"라고 단언했다.

'아하, 누구나 인정받고 사랑받고 싶은 욕구가 있구나.'

공평하게 전달되지 않은 사랑과 관심은 오히려 누군가에게 상처가 될 수 있다는 중요한 교훈을 얻는 순간이었다. 진심을 전하는 방식도 상대방의 마음을 헤아리는 세심함이 필요하다는 것을 배웠다.

같은 후회를 반복하지 않으려 칭찬할 때마다 선전포고처럼 미리 예방주사를 놓는다.

"그대들, 내가 이렇게 말하면 또 누군가만 편애한다고 난리 칠 거지?"

그 말에 교육생들은 "대표님은 우리 마음속을 어찌 그리 훤히 아시나요?" 하며 깔깔대며 웃고 박수를 보낸다. 웃음과 박수에 오해는 눈 녹듯 사라진다.

마음이라는 게 참 어렵다. 내가 내 마음조차 잘 모르는데 남의 마음을 얼마나 헤아릴 수 있겠는가. 내가 할 수 있는 건 오직 진심으로 그들에게 다가가는 일뿐이다.

나는 실향민 2세로서 탈북민들을 편견 없이 받아들이고 사랑하려 애써왔다. 북한을 공부하고 평양과 개성을 방문하고 수천 명의 탈북민을 만났지만 그들을 진정으로 이해하는 데는 5년이라는 시간이 걸렸다. 아직도 그들의 아픔과 삶의 길을 온전히 이해하지 못한다. 그들을 더 알아가고자 하는 내 수업은 오늘도 진행형이다.

교육과정에서는 수많은 에피소드가 쌓여갔다. 교육은 주로 직장인과 지방 거주자들을 위해 주말에 진행되었는데 지방에서 올라온 교육생들은 서울에 사는 교육생 집에서 잠을 자기도 했다. 특히 대전에서 온 팀은 새조위 사무실이 곧 숙소가 되었다.

처음에는 찜질방을 이용하기도 하고 어느 회원이 사무실 근처 호텔을 잡아주기도 했지만 언젠가부터는 새조위 사무실 소파가 자연스레 침대가 되었다. 나는 펼치면 침대로 변하는 소파 세 개를 구입해 놓고 그들과 함께 간식을 먹으며 밤새 이야기를 나누곤 했다. 편안한 잠자리를 마련해주지 못해 미안한 마음이지만 그 시간이 가끔은 나를 미소짓게 하는 아름다운 추억으로 남아 있다. 교육과정과 수료식 때마다 10여 년 동안 꾸준히 치킨과 피자 등 간식 후원으로 교육생들의 배를 든든히 채워준 바른치킨 이근갑 대표에게는 늘 고마운 마음이다.

탈북민 여성들의 정서는 우리 어머니 세대와 많이 닮아 있다. 북한 떡, 순대, 두부밥, 감자떡 등 손수 정성껏 만든 음식을 점심시간마다 동료 교육생들과 나눠 먹는 모습에는 정이 가득했다. 그런 정들이 모이니 교육 날이면 교육생들은 마치 소풍을 온 것처럼 즐거워했다.

그들은 추억을 주머니에서 술술 꺼내어 여기저기 나누어 주곤 했다. 그 시절과 그날들이 가끔은 무척 그리워진다. 내가 그들에게 베풀며 살았다고 생각하지만 돌아보면 나 역시 그들로부터 참 많은 것을 받았다. 하나원 강의 때마다 한 말이 있다.

"통일되면 함께 고향 가요. 제가 동네마다 들러서 내려 드릴게요."

"통일되면 난 1년간 집에 오지 못할 거예요. 여러분들이 하루씩 자고 가라고 할 테니까요."

우뢰와 같은 박수가 터져나왔다.

"선생님, 하루 더 주무셔야지요."

" 우리 집도요."

그 따뜻한 약속과 마음들이 아직도 생생하다.

지금은 모두 어디에서 잘 살고 있겠지. 문득문득 그들이 너무나 그립고 보고 싶다.

마음의 길을 찾아서

제자가 스승 공자에게 물었다.

"부엌에 가면 며느리 말이 옳고 안방에 가면 시어머니 말이 옳다고 합니다. 과연 누구의 말을 믿어야 하옵니까."

공자가 답했다.

"하늘에 죄를 지으면 빌 곳이 없느니라(獲罪於天 無所禱也)."

선문답 같은 이 말은 내 인생의 나침판이 되었다. 내가 가는 길에 죄의 씨앗을 흘리지 말자. 하늘에 빌 곳이 없는 죄를 짓지 말자.

마음은 때때로 충돌한다. 살아가면서 힘든 일 중 하나는 내가 한 말이나 행동이 전혀 다른 의미로 받아들여져 결국 내게 상처로 되돌아오는 것이다. 시민단체를 이끌면서 그런 상황은 흔히 겪는 일이었다. 그럴 때마다 나를 지탱해준 것은 '하늘에 죄를 지으면 빌 곳이 없다'는 말이었다. 이 문구를 가슴 깊이 품고 걸으면 든든한 버팀목을 얻은 듯 마음이 단단해지고 발걸음에도 힘이 실렸다.

단체 활동을 하면서 수많은 사람들을 만나다 보니 내 뜻이 왜곡되거나 잘못 이해되어 마음의 상처를 받는 일이 종종 있다. 그런 상처는 결국 내가 스스로 치유해야 한다는 것도 깨달았다. 이런저런 일을 겪으면서 나름대로 마음공부에 힘쓰게 되었다. 내 안에 상처가 가득하면 남을 진심으로 보듬고 받아들이기 어렵기 때문이다. 평정심을 찾기 위한 마음공부는 지금도 멈추지 않고 계속되고 있다.

종범 큰스님께서는 인생 공부란 결국 배움인데, 사람에게 배우는 것은 가르치는 이마다 다르고 자연에서 배우는 것은 보이는 대상마다 다르다고 하셨다. 세상의 지식은 책이나 경험에서 얻을 수 있지만 마음공부는 바깥에서 배우는 것이 아니라 내 안에서 스스로 배워야 한다고 하셨다. 마음은 어디에 가서 배울 곳이 없으며 설령 배운다 해도 그것을 외부에서 얻어 오는 것이 아니라고 하셨다. 스님의 말씀처럼 마음공부는 결국 내가 나를 찾아가는 여정이다.

마음이 곧 나다. 생각하고 바라고 꿈꾸고 탐하는 모든 마음이 바로 나라는 존재의 핵심이다. 보이지도 않고 잡히지도 않는 무형의 그것이 결국 마음이고 나인 것이다.

어느 한 수도승이 "마음이 몹시 괴롭습니다. 어떻게 하면 좋겠습니까?"라고 묻자 선사가 답했다.

"마음이 어디 있는지 내놓아 보아라."

미래의 마음은 아직 오지 않아 잡을 수 없고, 지나간 마음은 이미 지나가 버려 붙잡을 수 없으며 현재의 마음도 찰나의 순간이라 붙잡기 어렵다.

누군가를 보듬는다는 것은 어쩌면 상처를 받는 일이기도 하다. 나 역시 그랬다. 밝은 얼굴로 마음에 상처 입은 이들을 대하는 것이 내 사명이지만 얼굴은 환해도 마음속은 어두운 날이 적지 않았다. 마음은 천국이자 지옥이라 했다. 아침에는 천국에 있다가도 저녁에는 지옥에 떨어지는 것이 마음이다.

삶을 되돌아보면 굽이굽이 길마다 안내자가 있었다. 나 자신도 신기할 정도다. 1994년 가을 어느 날 친구와 함께 서울 명동 골목을 걷다 우연히 양장점 문틈으로 안을 들여다봤다. 그곳에는 수년 전 결혼과 함께 직장을 그만둔 직장 선배가 앉아 있었다. 우연을 빌린 필연의 만남이었다.

그 선배는 당시로서는 늦은 30대 후반에 나이 차이가 꽤 나는 부자 남편을 만나 조선호텔에서 결혼식을 성대하게 올렸다. 호텔 결혼식은 그때나 지금이나 많은 젊은이들이 꿈꾸는 로망이다. 아름다운 외모와 출중한 능력으로 주위의 부러움을 한몸에 받던 선배였다.

이 만남이 내 삶에 어떤 새로운 길을 열어줄지 그때는 미처 알지 못했다.

양장점에서 선배를 마주하면서 천사라는 단어가 떠올랐다. '얼굴이 어찌 저리도 편안하고 자비로울 수 있을까' 하는 생각이 절로 들었다. 그러나 그 천사의 얼굴 뒤에는 깊은 곡절이 숨겨져 있었다. 겉으로는 화려했지만 마음은 지옥과도 같았던 집에서 살다가 선지식을 만나 마음공부를 시작했다. 그 과정에서 진정한 행복이 무엇인지 깨닫고 맨손으로 집을 나와 새로운 삶을 시작했다고 했다.

나의 간절한 부탁에 선배는 매주 목요일마다 사무실로 와서 3년간 마음공부를 가르쳐 주며 저녁까지 사주었다. 그 사랑과 배려는 마음이 자주 출렁이는 내게 큰 힘이 되었다.

공부를 하면서 나는 부분에만 머무르지 않고 전체를 보는 눈을 갖게 되었고 연민의 마음이 더 깊어졌으며 집착에서 조금씩 벗어날 수 있었다. 하루에도 몇 차례 긍정과 부정을 오가던 내 마음의 시소는 점차 긍정 쪽으로 무게추가 크게 기울었다. 그 변화는 내게 적잖은 의미였다. 마음공부가 없었다면 20년 넘게 탈북민을 도우며 함께 걸어올 수 없었을지도 모른다.

마음을 공부하던 6월 어느 날 지방으로 가는 비행기를 타야 했는데 전날부터 내리는 장맛비 때문에 비행기 운항이 걱정되었다. 항공사에 문의하니 예정대로 운행된다고 해서 기대 반 우려 반으로 비행기에 올랐다. 몸이 구름 위로 오르자 하늘이 너무 맑고 깨끗해 놀랐다. 그때 나는 큰 깨달음을 얻었다.

'지상에서 보는 것이 전부가 아니다. 산 너머를 보려면 언덕을 올라야 한다. 우물 안에 갇히면 하늘 한 조각만 보인다.'

그때의 깨달음은 내 인생의 지평을 넓혀주었다. 더 높은 언덕을 향해 나아가야 할 이유도 일러주었다.

공부 내용 중 생각나는 것들을 다섯 가지로 압축해 적어본다.

하나, 불행을 피하지 마라.

불행을 정면으로 마주하면 그 실체가 뚜렷이 드러나고 이를 극복할 수 있는 지혜와 혜안이 열린다. 불편함을 회피하면 오히려 그것이 졸졸 따라다니며 더 큰 부담이 된다. 증오와 분노 역시 마찬가지다. 그 실체를 정확히 알게 되면 그것들을 쫓아낼 방법이 생긴다. 어쩜 불행은 본래부터 없었는지도 모른다.

둘, 너무 가르지 마라.

세상에는 선과 악이라는 절대적인 경계가 존재하지 않는다. 모든 것은 끊임없이 변화하는 흐름이자 파장일 뿐이다. 선을 그으면 피아가 나뉘고 빛과 그림자가 갈리며 왼쪽과 오른쪽이 구별된다. 하지만 몸을 살짝 돌려 누우면 그 왼쪽이 곧 오른쪽이 되는 법이다.

셋, 인연에 감사하라.

감사가 빠진 인연은 단순한 관계에 불과하다. 감사는 또 다른 감사를 낳고 분노는 또 다른 분노를 키운다. 이는 자식이 부모를 닮는 이치와 같다. 감사가 결여된 행복은 이 세상 어디에도 존재하지 않는다. 감사로 내 마음을 가득 채우고 그 마음을 이웃과 나누면 내 안에는 행복이 넘쳐흐른다.

넷, 지나치게 탐하지 마라.

시기와 질투, 근심의 뿌리는 모두 탐심이다. 탐욕이 지나치면 남의 것이 내 것처럼 보이고 이웃의 행복이 나의 불행으로 느껴진다. 마음을 비운다는 것은 탐심의 크기를 조금씩 줄여가는 과정이다. 빈손으로 태어났으니 우리에겐 원래 아무것도 없었다. 하늘로 돌아갈 때 역시 누구나 빈손으로 간다.

다섯, 좁은 문을 열어라.

남들이 다니는 넓은 길만 따르지 말고 좁더라도 자신이 뜻하는 길을 걸어라. 사소해 보이는 일이라도 가벼이 여기지 말고 최선을 다하라. 좁은 문조차 열지 못하는 자가 어떻게 큰문을 열 수 있겠는가. 작은 마음조차 베풀지 못하는 자가 어떻게 큰 마음을 줄 수 있겠는가.

　마음대로 되지 않는 것이 마음이다. 내 안에 있지만 나조차도 온전히 다스리지 못하는 것이 마음이다. 내가 주인이면서도 마음대로 부릴 수 없는 존재가 바로 마음이다. 경전을 외우고 명언을 가슴에 새겨도 마음은 금세 제멋대로 달아나 버린다. 그러니 마음공부는 평생 해야 한다. 하루라도 게을리하면 마음이 어디로 달아날지 누구도 알 수 없다.

　신경정신과 전문의 이나미 박사는 칼 구스타프 융 계열의 분석심리학 전문가이다. 그는 인생에서 겪는 자잘한 상처들이 오히려 삶의 면역력을 키우는 중요한 역할을 한다고 강조한다. 예방주사가 세균과 바이러스에 맞서 싸우는 항체를 만들어내듯 마음의 자잘한 상처들도 마음의 근육을 단련시키는 역할을 한다는 것이다. 마음공부란 결국 마음의 근육을 키워 불필요하고 잡다한 생각들을 내면에서 비워내는 과정이다.

　"비밀 하나를 알려줄게. 아주 간단한 건데, 마음으로 봐야 잘 보인다는 거야. 정말 중요한 것은 눈에 보이지 않아."

　생텍쥐페리의 《어린 왕자》에서 여우가 건넨 이 한마디는 삶의 본질을 꿰뚫는 지혜다. 인도계 미국인 작가 디팩 초프라는 "인간은 신체와 정신, 영혼으로 이루어져 있다. 그중 으뜸은 영혼이다"라고 했다. 마음이 차곡차곡 쌓여 정신이 되고 그 정신이 켜켜이 겹쳐 영혼이 된다. 그러니 마음은 영혼의 씨앗이자 뿌리다. 씨앗을 정성껏 가꾸면 싹이 곧게 올라오듯 마음을 잘 다스리면 정신이 바로 서고 그 정신 위에 맑고 빛나는 영혼이 피어난다.

간사한 게 마음이다. 어느 날은 태산처럼 부풀다가도 어느 날은 밤톨처럼 쪼그라들기도 한다. 마음의 변화무쌍함을 알기에 나는 가끔 내 마음을 천천히 들여다본다. 고요히 안을 살피면 출렁이는 마음이 조금은 잔잔해진다. 요즘도 좋아하는 경전을 곁에 두고 틈틈이 한 줄씩 가슴에 새기며 마음을 다스린다. 예전에는 초기 불교경전인 《수타니파타》에 나오는 경구 "그물에 걸리지 않는 바람처럼, 소리에 놀라지 않는 사자처럼, 진흙에 더럽혀지지 않는 연꽃처럼 무소의 뿔처럼 홀로 가라"를 좋아했다. '무소의 뿔'이 초연함과 홀로 서는 자세를 의미한다는 것을 깨닫는 데는 시간이 좀 걸렸다.

부처님께서는 "법(法)에도 얽매이지 않고 공(空)에도 얽매이지 않으면 몸과 마음이 다 자재(自在)하다"라고 했다. 자재하다는 것은 속박이나 장애가 없이 마음대로 할 수 있다는 의미다. 마음공부가 이 경지에 이르면 진정한 자유를 얻은 상태라고 할 수 있다. 강물이 깊을수록 물이 고요하듯 마음이 깊고 고요하면 세상은 모두 청산녹수(靑山綠水)가 된다. 성경도 "마음이

청결한 자는 복이 있나니 저희가 하나님을 볼 것임이요"라고 하여 청정한 마음의 중요성을 강조한다.

마음은 행복과 직선으로 연결되어 있다. 그러므로 마음공부는 곧 행복공부라 할 수 있다. "행복이란 이룬 것에서 바란 것을 뺀 만큼"이라는 말처럼 욕심을 채울 때가 아니라 비울 때 비로소 행복에 이르는 길이 열린다. 성경이든 불경이든 경구를 마음속에만 담아두는 것은 무용지물이다. 그중 한두 가지라도 꺼내어 몸소 실천할 때 비로소 진정한 마음공부가 완성된다. 언젠가 길가에서 우연히 만난 직장 후배가 "선배님, 얼굴이 천사 같아요"라며 호들갑을 떠는 행복한 상상을 해본다.

국화꽃 피는 날을 기다리며

그립고 아쉬움에 가슴 조이며
머언 먼 젊음의 뒤안길에서
인제는 돌아와 거울 앞에 선
내 누님같이 생긴 꽃이여…

미당 서정주 시인의 '국화 옆에서' 한 구절이 요즘 부쩍 내 마음에 들어온다. 어쩌면 서정주 시인의 '누님'에 내가 비쳐서인지도 모른다.

시대가 바뀌면 언어도 변한다. 예순 즈음의 세대에게는 조국, 애국, 민족, 통일, 그리움 같은 단어들이 가슴을 뛰게 했고 그 한 단어를 완성하기 위해 평생을 바치기도 했다. 나 역시 그 길 위에 서 있는 사람 중 하나다. 오늘의 젊은 세대에게는 이 단어들이 조금은 낯설고, 그리움이라는 말조차 세대마다 다른 빛깔로 다가올 것이다. 뜻을 함께하던 이들이 한 사람 또 한 사람 세월 속으로 사라지고 통일운동의 심장도 점점 느려진다고 느껴질 때면 가슴 한쪽이 서늘해진다. 세상에 변치 않는 것이 없듯 시대의 가치 또한 변하는 것이 당연하다는 것을 머리로는 알지만, 어쩌면 나는 아직 그 욕심을 놓지 못하는지도 모른다. 지난 세월의 아쉬움과 앞으로의 길이 주는 아득함 속에서 나는 문득 걸음을 멈추고 하늘을 올려다본다. 하늘은 여전히 푸르지만 내 청춘의 빛과 긴 세월의 그림자가 함께 어른거린다.

우리 세대는 앞으로 40, 50년 후면 이 지구에 없을 것이다. 선조들처럼 우리도 후대들에게 이 자리를 넘겨줘야 한다. 어떤 모습으로 넘겨줄 것인가는 숙제다. 반쪽으로 분단된 한반도를 넘겨줄 것인가, 아니면 온전히 하나가 된 통일된 땅을 넘겨줄 것인가. 날마다 나에게 던지는 질문이다. 국내외적인 정치 환경과 우리의 의지 등 통일을 둘러싼 변수는 많지만 분명한 것은 남북이 적대적으로 갈라진 한반도를 후대에 물려줘서는 안 된다는 사실이다. 피부색이 다른 게 누구의 잘못이 아니듯 북한 주민으로 태어난 것도 그들의 잘못이 아니다. 같은 언어를 쓰는 그들이 인간답게 살아갈 수 있도록 돕는 것이 나의 작은 소망이며 꿈이다.

"모든 인간은 태어날 때부터 자유로우며 그 존엄과 권리에 있어 동등하다."

"모든 사람은 생명과 신체의 자유 그리고 안전에 대한 권리를 가진다."

"어느 누구도 노예 상태나 예속 상태에 놓여서는 안 된다."

"어느 누구도 고문을 당하거나, 잔혹하고 비인도적이며 굴욕적인 처우나 형벌을 받아서는 안 된다."

"모든 사람은 어디서나 법 앞에서 인간으로서 인정받을 권리를 가진다."

세계인권선언이 품고 있는 핵심적 문장들이다. 짧지만 단호한 이 문장들은 인간이 인간답게 살아가기 위해 반드시 지켜져야 할 최소한의 약속이자 역사가 피로 쓴 경고문이다.

가슴 아프게도 지금 북한 주민들은 수많은 인권 조항 중 어느 하나도 제대로 보호받지 못한 채 살아가고 있다. 현실이 이러한데 우리가 아직도 통일을 남의 일로만 여기는 것이 너무나 안타깝다. 통일 문제는 단지 민족의 문제가 아니라 인간이라면 누구나 누려야 할 기본 권리이자 인권의 문제임을 다시 한번 깊이 인식해야 한다.

남과 북을 비교하면 할수록 가슴이 아프고 통일에 대한 열망은 더욱 간절해진다. 남한에서는 음식쓰레기가 넘쳐나고 다이

어트를 위해 돈을 들여 운동하며 건강에 좋다는 음식만 골라 먹는다. 날씬한 몸매는 부와 자기관리를 상징하는 사회적 지표가 되었다. 반면 북한에서는 먹을 것이 없어 거리를 헤매는 사람들과 굶어 죽는 이들이 적지 않다. 불룩 나온 배는 권력을 쥔 당 간부들의 상징일 뿐이다. 이처럼 극명한 대조 앞에서 나는 한반도의 평화와 통일이 얼마나 절실한지를 거듭 깨닫게 된다.

사무실에서 함께 일하는 탈북민 직원이 있었다. 어느 날 그 직원에게 건강에 좋은 음식을 사주고 싶어 차로 한 시간이나 떨어진 소문난 산 밑 보리밥집에 데려간 적이 있다. 그런데 나중에 듣게 된 이야기로는 그 직원이 외부 강의에서 "우리 대표님이 좋은 음식 사준다고 차 바퀴를 빡빡 닳게 하고 기름 때어가며 운전해 데려간 곳이 겨우 보리밥집이었다"라고 말해 폭소를 자아냈다고 한다. 우리에게는 건강식인 보리밥이 북한주민들에게는 생존식이나 다름없다. 나는 이런 북한 동포들이 우리와 같은 자유를 누리며 인간답게 살아가기를 간절히 바란다.

나도 어느덧 60을 훌쩍 넘었다. 몇십 년 후면 나는 이 지구상에 없을 것이다. 실향민들이 자식들과 함께 우이동 계곡에서 하루를 보냈던 어린 시절의 장면이 가끔 영화처럼 머릿속에 떠오른다. 그분들이 1년에 한 번씩 모이는 연례행사는 갈 수 없는 고향을 잊지 않기 위한 자리였다. 그리움으로 가슴앓이를 나누며 타향살이의 고단함을 서로 위로했을 그 심정이 어떠했을지 생각해본다. 그분들 대부분은 이미 우리 곁을 떠났다. 그들은 우리 세대에게 북한을 잊지 말라고 거듭거듭 당부했다. 우리 세대는 후대들에게 어떤 당부를 해야 할까. 그 질문이 오늘도 내 마음을 무겁게 한다.

'이산가족을 찾습니다.'

분단의 비극을 다시 한번 깨우치게 하고 전국을 눈물바다로 만든 1983년 KBS 프로그램이다.

세계기록유산에 등재된 이 프로그램은 온 국민을 TV 앞으로 모이게 하여 마음 졸이며 가족의 소중함을 일깨워준 한 편의 감동적인 드라마였다. 그 눈물과 기적의 서사는 6.25 전쟁으로 인해 헤어져야 했던 가족들이 다시 만나는 이야기로 완성되었다.

우리 가족 역시 그 한 편의 드라마 속에 작은 한 장면을 새겼다. 내 남동생은 아버지의 사연이 담긴 피켓을 들고 텔레비전에 출연했는데 그 모습을 본 신당동에 사는 아버지의 사촌 누님께서 곧바로 연락을 주셨다. 사촌 누님은 고향의 옛 기억을 회고하시며 이렇게 말씀하셨다. "네 아버지는 방학 때 집에 오면 하루 종일 책만 펴고 공부했지. 가끔 밖에서 친구들이 노는 모습을 멀찍이 바라보다가도 이내 돌아와 다시 공부에 몰두했단다." 두 분은 이제 하늘나라에서 오손도손 고향 이야기를 나누며 그리운 시간을 함께 보내고 계실 것이다.

남북 이산가족 상봉이 이루어지던 시절의 어느 날이었다. 방송 녹음이 끝난 후 PD가 내게 친구가 스튜디오에 오기로 했으니 한번 만나달라고 했다. 그 친구는 실향민 2세로 곧 있을 이산가족 상봉을 앞두고 연로하신 어머니 대신 북한 가족에게 전달할 선물을 준비하면서 마음이 복잡했다. "좋은 물건을 북한으로 들고 가면 당국에 빼앗긴다고 들었어요. 돈은 많이 주면 안 되고 약 같은 것은 줘도 되나요?"라며 여러 궁금증을 조심스레 내게 물었다. 나는 빼앗기더라도 아깝다고 생각하지 말고 고향을 그리워하는 어머니의 마음을 헤아려 무엇이라도 준비해 드리라고 조언했다. 난 그 마음이 무엇보다 소중한 선물이 될 것이라고 믿었다.

통일부 남북이산가족 상봉을 담당했던 홍양호 차관이 당시 상황을 들려주었다.

정부는 이산가족들에게 가이드라인을 제공했다. 북한 사람들이 좋아하는 선물은 약, 돋보기, 내복, 화장품, 스타킹 등 15가지 정도였다. 어떤 가족은 밍크담요나 부피는 작지만 가치 있는 금반지를 준비하기도 했다. 1차 상봉 때는 몇몇 가족이 몇만 달러씩 선물을 주기도 했는데 이는 북한 내에서 재벌급에 해당하는 거액이라 위화감과 부작용이 있었고 이에 북한 당국은 2차 상봉부터 1인당 500달러로 제한하는 가이드라인을 내렸다고 한다.

탈북민들을 통해 들은 이야기가 있다. 상봉을 마치면 가족들이 당국에 일정한 비용을 지불해야 한다는 사실이었다. 상봉 때 입었던 옷과 신발, 남쪽 가족에게 전할 선물까지도 당국이 미리 준비한 뒤 나중에 그 값을 돌려받는 방식이었다고 한다.

나이가 들어가면서 마음이 조금씩 조급해지는 것을 느낀다. 기억이 멀어지면 뜻도 함께 희미해지는 법이다. 현재 실향민 2세대의 평균 연령은 50대에서 70대 초반이고 3세대는 20대에서 30대에 이른다. 심지어 실향민 4세대도 존재한다. 그리움의 마음도 세대를 거치면서 점차 옅어져 간다. 1세대 실향민들이 모두 세상을 떠나면 누가 '우리의 소원은 통일'을 가슴으로 불러줄지 생각할 때마다 마음이 절로 급해진다.

성경에는 산 넘어 산, 여리고성이 무너지는 이야기가 전해진다. 여호수아는 백성들을 이끌며 "너희 음성을 들리지 않게 하며 입에서 아무 말도 내지 말라. 내가 외치라 할 때에야 외치라"고 명령했다. 제사장과 백성들은 조용히 성을 돌았다. 일곱째 날 새벽부터는 일곱 번이나 성을 돌며 제사장들은 나팔을 불고 백성들은 크게 외쳤다. 그러자 철옹성 같던 성벽이 우르르 무너져 내렸다.

 철벽같은 남북한의 분단장벽도 믿음과 소망을 품고 통일을 외친다면 언젠가 반드시 무너져 내릴 것이다. 내가 걸어온 길을 경기로 비유하면 이미 전반전을 훌쩍 넘겼다. 하지만 경기는 끝날 때까지 끝난 것이 아니라고 하지 않았던가. 나는 남은 시간 최선을 다해 경기에 임할 것이다. 누가 알겠는가. 응원가에 힘입어 9회 말 만루 홈런을 칠지.

 내일이 이미 오늘에 의해 결정된다면 누가 설레는 마음으로 새 아침을 맞이하겠는가. 스콧 피츠제럴드는 《위대한 게츠비》에서 "우리는 물결을 거스르는 배처럼 쉴 새 없이 과거 속으로 밀려나면서도 끝내 앞으로 나아간다"고 했다. 국화꽃이 얼마나 피고 져야 남북통일이 이루어질까. 내 생전에 그날을 볼 수 있을지 알 수 없지만 나는 오늘 국화꽃 한 송이 피우는 심정으로 통일의 길을 걸어가려 한다.

 과거를 돌아보며 후회하지 않고 현재에 안주하지 않으며 내일을 두려워하지 않고 당당히 길을 갈 것이다. 갈 길이 아득함을 나도 안다. 그래도 한 손에는 희망을, 다른 한 손에는 사명을 쥐고 꿋꿋이 걸어갈 것이다.

 만물은 모두 미완성이다. 내가 완전히 그리지 못한 통일의 그림, 내가 다 채우지 못한 공간은 사명을 품고 찾아올 누군가가 더 그려 넣고 채워 넣을 것이다. 그 순간이 올 때까지 나는 힘껏 그리고 더 채워나갈 것이다. "하늘은 스스로 돕는 자를 돕는다" 했으니 하늘이 도와주는 그날까지 스스로를 더욱 굳건히 도울 것이다.

발길마다 깨달음이

내 발걸음도 점점 느려진다. 나이 탓이기도 하겠지만 국내외의 복잡한 상황들이 발목을 잡는 데에도 이유가 있을 것이다. 돌이켜보면 그 먼 길을 용케도 빠른 걸음으로 걸어 여기까지 왔다.

30년이 훌쩍 넘는 세월 동안 수많은 사람들이 오갔다. 통일된 미래를 꿈꾸며 앞장서 길을 내자고 밤을 지새우고 머리를 맞대며 함께 모여 통일을 외치기도 했다. 그들이 있었기에 오늘의 나도 있다. 가슴에 담은 고마움을 충분히 전하지 못한 채 떠나보낸 이들도 있다. 걸어온 길을 돌아보면 길목마다 고마움이 빼곡하지만 곳곳에 아쉬움도 적지 않다.

인생길은 곡절과 사연으로 가득하다. 무수한 고난과 이야기를 가슴에 품고 길을 걷는 것이 인생이다. 길을 가다 뒤돌아보면 후회와 깨달음이 따라온다. 미리 깨닫지 못하고 겪은 후에야 비로소 한계를 알게 되는 게 인간이다. 어리석은 이는 겪고 나서조차도 깨닫지 못한다. 탈북민을 보듬는 길은 평범한 길보다 훨씬 더 많은 곡절이 따라다닌다. 내 경험에 비추어 보면 그 모든 곡절을 온전히 담아낼 그릇은 오직 통일밖에 없다.

새조위의 궁극적인 목표는 남북이 하나로 통일되어 세계의 중심 국가로 우뚝 서는 것이다. 나는 오늘도 남북 주민들이 함께 어울려 행복하게 살아가는 날을 꿈꾼다. 이 목표는 결국 사람이 만들어내는 것이다. 사람과 함께하는 일은 바다처럼 넓은 포용력이 필요하다. 용광로처럼 모든 것을 녹여내는 리더십이 있어야 한다. 리더는 언제나 솔선수범하며 공정하고 투명하여 신뢰를 받아야 한다. 말투가 다르고 문화가 다르며 살아온 환경이 다른 이들을 품으려면 강이 되고 바다가 되어야 한다. 지금 돌아보면 바다가 되어야 할 순간에 나는 때로 강이 되고 또 시냇물이 되기도 했다. 그때의 부족했던 지혜가 지금와서야 후회로 남는다.

미국의 SF 작가 로버트 하인라인은 "명확히 설정된 목표가 없으면 우리는 사소한 일상에 묶여 결국 그 일상의 노예가 된다"라고 했다. 다행히도 나는 그의 말과 정반대의 삶을 살아왔다. 명확한 목표를 세우고 그저 사소한 일상에 머무르지 않았다. 통일이라는 거대한 담론을 품고 소소한 일상의 노예가 되지 않으려 애쓰며 살았다. 그런 내 삶을 결코 후회하지 않는다. 동기가 있으면 행동으로 옮기는 것이 인간의 본성이다. 내 안에는 언제나 통일이라는 강력한 동기가 살아 숨 쉬고 있다.

솔직히 고백하자면 나도 흔들렸던 순간이 많았다.

'이 열정으로 사업을 했다면 큰돈을 벌고 친구들처럼 좋은 직장에서 일해 임원이 될 수도 있었을 텐데….'

그런 생각이 들 때마다 아버지와 맺은 약속 그리고 결혼할 때 남편과 나눈 약속이 나를 다시 일으켜 세웠다.

탈북민들은 남한의 모든 것이 낯설다고 느낀다. 말투와 문화가 낯설고 음식조차도 낯설다. 나 역시 그들을 이해하는 데 오랜 시간이 걸렸다. 비록 아버지 고향에서 온 분들이지만 그들의 마음과 삶을 온전히 헤아리기까지 수년이 필요했다.

처음엔 화가 나고 답답하고 억울한 사연도 많았다. 내가 내민 도움의 손길에 의심의 눈초리가 돌아올 때는 무척 섭섭했다. 그러면서 깨달았다. '아, 내 품이 좁으면 사사건건 부딪칠 수밖에 없겠구나.' 이 깨달음은 나에게 더 넓은 마음과 포용의 자세를 갖게 하는 계기가 되었다.

탈북민을 돕는 일은 태생적인 동기가 있거나 종교의 힘을 빌려야만 그 일을 지속할 수 있다. 탈북민들이 까다롭다는 뜻이 아니라 오랜 세월 갈라져 살아온 사람들을 진심으로 보듬으려면 내가 먼저 지치지 않아야 한다는 뜻이다. 그만큼 남북 문화의 차이는 크고 통일운동의 길은 험하다.

나는 탁상공론보다 행동을 중시한다. 그러다 보니 가끔은 일이 엇박자를 내기도 한다. 앞서도 언급한 통일연극이 대표적인 사례다. 친구와 우연히 관람한 연극에서 영감을 받아 그해 말 서둘러 첫 공연을 올렸지만 준비와 이해 부족으로 '좋은 공연'이라는 외부 평가에도 내 안에는 작은 트라우마가 생겼다. 잘 아문 트라우마는 삶의 약이 된다.

사람은 누구나 인정받고 사랑받기를 갈망한다. 살면서 갈등을 빚는 배경에는 대부분 인정과 사랑이 자리한다. 기본적인 생존권이 거부당하고 권리에 대한 인정조차 받지 못한 탈북민들은 아주 작은 일에도 예민해지고 깊은 상처를 입는다. 나는 그런 뜻이 아니고 그럴 의도도 전혀 없었는데도 종종 누군가의 마음에 상처를 남긴다. 상처가 깊을수록 방어기제는 더 날을 세운다.

인연은 끝이 좋아야 한다지만 내 인연의 끝에도 장미꽃만 피어 있지는 않을 것이다. 천 길 물속은 알아도 한 길 사람 속은 모르는 법이다. 탈북민 한 사람 한 사람을 귀한 인연으로 품고자 했으나 섭섭한 마음을 품고 내게서 거리를 둔 이들도 있었을 것이다. 내 그릇이 작았던 탓도 있을 테고 그들의 생각 모서리가 너무 날카로웠던 탓도 있었으리라.

내가 다 내어주었음에도 모자라다고 하소연하는 이들에게는 달리 방법이 없다. 쉽게 뜨거웠다가 차가워지는 속세의 인심에서 나 또한 자유롭지 못했을 것이다. 그러나 거짓 없이 말할 수 있는 것은 주고자 하는 마음, 더 주고자 하는 마음이 가슴에서 한 번도 떠난 적이 없다는 사실이다.

이 길을 걸으며 혹시 내가 누군가에게 상처를 주었다면 미안하다는 말을 전하고 싶다. 곁에 있으면 말없이 안아주고 차 한 잔 함께 나누고 싶다. 나는 한 송이 꽃보다 꽃밭을 가꾸는 일에 더 충실했다. 꽃 하나하나도 더 세심히 살폈어야 했음을 이제야 깨닫는다.

사람을 쓸 때는 각박하지 않아야 한다고 했다. 인색하면 곁의 사람들이 떠나기 마련이다. 벗을 사귈 때는 넘치지 말아야 한다. 넘치면 아첨하는 자들이 몰려든다. 나도 이런 이치를 모르지는 않지만 새조위 곳간이 빈약해 사람들에게 넉넉히 내어주지 못했던 일은 두고두고 미안함으로 남아 있다.

오래전에 직원 채용과 관련해 설립자께 상의를 드린 적이 있다. 설립자께서 특유의 낮은 어조로 말씀하셨다. "신 대표가 한밤중이라도 부르면 오는 사람을 뽑으면 됩니다." 요즘 시대와는 맞지 않을지라도 나는 그 말씀을 자주 새긴다. 각박한 대접에도 불구하고 내 곁을 묵묵히 지켜주는 박태준·유석상 국장과 서향란, 이은희, 김지원, 장명옥 상담사 등이 진심으로 고맙고 감사하다.

스티브 잡스는 "멋진 일을 해내려면 자신이 하는 일을 사랑해야 한다. 아직 그런 일을 찾지 못했다면 멈추지 말고 계속 찾아야 한다"라고 했다. 나는 더 이상 일을 찾아 헤맬 필요가 없을 것 같다. 이미 내가 하고 있는 일을 진심으로 사랑하고 있으니.

무릇 뜻은 담박함으로 맑아지고 절개는 기름지고 달콤한 맛 때문에 잃는다고 했다. 지금 걷고 있는 길의 끝이 어디인지 알 수 없지만 나는 담박함을 잃지 않고 기름지고 달콤한 맛은 멀리하며 남은 길을 묵묵히 걸어갈 것이다.

내가 살아온 기록이 작은 역사가 된다면 그보다 더 큰 영광은 없을 것이다. 여기까지 걸어오며 느끼고 깨달은 모든 것을 반면교사 삼아 남은 길도 뚜벅뚜벅 걸어갈 것이다. 사랑을 더 나누고 내 허물은 없는지 세심히 돌아보며 이 길을 갈 것이다. 바람이 불어도 흔들리지 않고 꿋꿋이 이 길을 갈 것이다. 아버지의 고향 길주에 가는 날까지.

5장

가슴에 사연을 묻고

내 가장 친한 친구들은 왜 서둘러
하늘의 별이 되었을까.

그리움이 그리움을 녹이다

 마음은 사연을 품어 안은 깊은 그릇이다. 그 안에는 헤아릴 수 없이 많은 이야기와 세월을 건너온 그리운 얼굴들이 고스란히 깃들어 있다. 사람은 누구나 가슴속에 저마다의 이야기를 간직한 채 살아간다. 오래된 일기장을 남몰래 꺼내어 펼치듯 추억을 더듬기도 하고 가까운 벗에게 조심스레 털어놓으며 얽히고설킨 마음을 나누기도 한다.
 세월이 흐를수록 추억을 양식 삼아 살아간다더니 나 역시 나이를 속일 길이 없나 보다. 문득문득 마음속에 묻어둔 얼굴들이 그리움에 이끌려 고개를 내민다. 이제는 길가에 핀 작은 꽃조차 무심히 지나치지 못한다. 바람에 흔들리는 풀 한 포기에도 마음이 머물러 세월의 향기와 인연의 무게를 느끼곤 한다.
 세상에서 가장 아픈 그리움은 두 번 다시 닿을 수 없는 그리움이다. 가슴속에는 어제처럼 선명히 살아 숨 쉬는데 아무리 간절히 불러도 대답이 없고 아무리 보고 싶어도 닿을 길이 없는 그리움이다. 이미 떠나간 발자취는 멀고도 아득히 사라져 가는데 돌아보면 여전히 제자리에 서서 나를 붙드는 슬프고도 아름다운 그리움이다. 마치 시간조차 품지 못한 채 영원히 멈춰버린 순간처럼 그리움은 내 안에서 끝없이 피고 또 진다.

옥춘이는 내 어린 시절을 함께한 시골 죽마고우였다. 강원도 깊은 산골, 서로 마주 보이는 아래윗집에서 자라며 같은 길을 걸어 학교에 다녔다. 그때는 참으로 배고픈 시절이었다. 우리는 모래 둔덕에 불을 지펴 감자를 구워 먹고 모닥불 위에 옥수수를 얹어 허기를 달래곤 했다. 봄이면 뒷동산에 올라 진달래꽃을 따 먹으며 파랗게 물든 입술을 서로 보다가 까르르 웃음이 터졌다. 여름이면 맑은 개울가에서 조약돌을 주워 모아 작은 집을 짓느라 해가 저무는 줄도 몰랐다. 겨울이면 언 손을 호호 불어가며 차가운 얼음을 깨고 고사리손으로 빨래를 했다. 우리 마을에는 눈이 지붕까지 덮일 만큼 소복이 쌓이곤 했고 그 속에서 우리의 웃음소리는 더 깊은 추억이 되어 지금도 가슴을 아련히 울린다.

그 친구는 참으로 야무진 구석이 있어 농촌의 청소년 지도사업을 이끌겠다는 큰 뜻을 품고 4H운동 여성위원장까지 맡아

분주히 뛰어다녔다. 그러던 어느 날 초등학교 보조교사로 아이들을 가르치다 홀연히 하늘나라로 떠나버렸다.

그가 떠나기 며칠 전, 나는 강릉에 머물며 동생에게 밥을 해주며 공부를 도와주고 있었다. 그때 친구가 전화를 걸어와 "시골집엔 언제 오니?" 하고 물었다. 무언가 마음속에 담아둔 말을 전하려는 듯한 느낌이 전해왔지만 바쁜 마음에 시골을 들르지 못하고 곧장 서울로 올라왔다. 그 후 몇 달이 흘렀을까. 그 친구는 꽃봉오리조차 활짝 피워보지 못한 스물대여섯의 나이에 별이 되어 하늘로 갔다.

한 번쯤은 더 웃고 한 번쯤은 더 이야기 나누고 한 번쯤은 더 붙잡아줄 걸…. 글을 쓰며 그 친구를 떠올리니 마음 한쪽이 텅 비어버린 듯 허전하다. 그때 잠시라도 시골로 들어갈 걸, 묻고 싶던 말을 조금이라도 더 물어볼 걸 하는 회한만이 가슴을 적신다.

문득 '서로 만나기 어렵더니 이별 또한 어렵구나'라는 시구가 떠오른다. 옥춘이는 세상과 이별했지만 내 마음속에서는 아직도 손 꼭 잡고 헤어지지 못한 친구다.

복순이는 내 중학교 시절을 함께 보낸 소중한 친구였다. 3학년 때 복순이네 가족은 서울로 갑자기 이사를 갔고 우리는 멀리서 소식만 전하는 사이가 되었다. 복순이는 얼굴이 참 예쁜

데다 일본어에도 능통해 국제무역을 꿈꾸며 일본 파트너까지 정해놓고 있었다. 하지만 막상 첫 사업을 시작하려니 두려움이 앞서고 스스로에 대한 확신도 부족했던 모양이다.

서른을 훌쩍 넘기도록 결혼을 하지 않은 채 일에만 매달리던 복순이가 어느 날 내게 전화를 걸어왔다.

"미녀야, 요즘 마음이 너무 불안해서 그러는데 우리 점 좀 보러 갈래?"

그 말에 친구를 따라 강남으로 향했다. 덩달아 나도 호기심에 점을 봤는데 복순이의 점괘는 끝내 비밀로 간직되었다. 네 군데를 돌았는데 신기하게도 세 곳에서나 내게 같은 말을 건넸다.

"당신은 남들보다 직관력이 뛰어나니 누구의 말에도 휘둘리지 말고 당신이 생각하는 길을 가라."

하긴 점괘가 무슨 의미가 있었겠는가. 세 군데에서나 칭찬받은 나의 직관은 정작 가장 중요한 순간에 친구의 아픔 하나 알아채지 못했다. "서울대병원에서 폐에 찬 물을 빼다"는 말을 들으면서도 폐암일 거라는 생각조차 하지 못했으니 직관은커녕 어리석기만 한 나였다. 가끔 만나면서도 친구가 가발을 쓰고 있다는 사실조차 눈치채지 못했다.

어느 날 왠지 불길한 예감이 스쳐 전화를 걸었다. 친구 동생이 대신 받아 "언니가 잠깐 외출했다"고 말했다. "그럼 돌아오면 꼭 전화 달라"고 부탁한 뒤 4시간쯤 지났을까. 밤 12시가 다 되어 전화를 받았다. '내일 전화해도 되는데 이 늦은 시간에…' 하며 전화를 받았는데 낯선 남자의 목소리가 들려왔다. 순간 등골이 서늘해졌고 그 싸한 예감은 틀리지 않았다.

"복순 씨가… 돌아가셨습니다."

그 한마디가 내 세상을 무너뜨렸다. 수화기 너머로 들려오는 목소리는 멀고도 생생했고 가슴속에는 벼락이 떨어진 듯 공허한 허망함만이 남았다. 그때야 깨달았다. 진짜 직관은 미래를 점치는 것이 아니라 지금 곁에 있는 사람의 눈빛을 더 깊이 읽어내는 힘이라는 것을.

통곡하며 병원으로 달려가려는데 남편이 팔을 붙잡았다.

"지금 가도 소용없으니 조금이라도 눈을 붙이고 아침에 가자…."

억지로 이끌려 눕긴 했지만 잠이 오지 않았다. 그저 하염없이 눈물을 흘리다 지쳐 잠깐 눈을 감았을 때다.

꿈속에서 나는 병원 영안실에 서 있었다. 분홍빛 옷을 입은 복순이가 영정사진 앞에 누워 있다가 나를 보더니 벌떡 일어나 토끼처럼 깡충깡충 뛰어다니며 환하게 웃었다. 그렇게나 아프던 친구가 이승을 떠나면서는 춤추듯 발랄하게 웃고 있었다. 40대 중반, 꽃처럼 고운 얼굴로 세상과 작별을 고하며 멍청한 친구를 용서라도 하듯 더덩실 춤을 추며 사라져갔다.

나는 지금도 묻는다. 내가 모자라서였을까, 아니면 너무 둔해서였을까. 친구가 그렇게 아픈데, 나는 끝내 그 마음을 헤아리지 못했다. 친구라 부르기조차 부끄러운 내가, 그저 이름만 친구였던 내가 평생 갚지 못할 미안함에 사로잡혀 며칠 밤을 뜬눈으로 지새웠다. 복순이는 내 마음의 기둥 하나를 송두리째 뽑아가 버린 친구였다. 그 빈자리는 세월이 아무리 흘러도 채워지지 않는다.

복순이를 보내고 가슴이 텅 비어버린 내 마음을 하늘이 알았던 걸까. 그 아픔을 덜어주려는 듯 내 곁에 또 다른 친구 하나를 보내주었다. 석사 지도교수님께서 주선하신 포럼에서 만난 성명이였다. 그는 공대 출신의 공학박사였고 근무하는 사무실이 새조위에서 불과 5분 거리에 있어 수시로 만나 식사를 함께 하고 이야기를 나눴다.

성명이는 '의리파'였다. 나처럼 일을 두려워하지 않는 행동파여서 둘이는 천생연분처럼 궁합이 맞았다. 우리가 헤어질 때의 마지막 말은 같았다.

"사람은 의리가 있어야지. 의리 없는 사람은 사람이 아니므니다…."

성명이는 새조위 일을 함께할 때면 언제나 한걸음에 달려왔다. 자기 일이 아무리 바빠도 내가 "한 번 도와줘" 하면 지체 없이 "알았어"라고 대답하는 친구였다. 그는 No를 모르는 친구였고 나에게는 언제나 믿고 기대어 설 수 있는 든든한 버팀목 같은 존재였다.

친구가 내가 사는 동네로 이사 오면서 하루가 짧게 느껴질 만큼 수다를 떨고 고민을 나누는 날들이 많아졌다. 그는 활달하고 에너지가 넘쳤다. 나와 결이 꼭 맞아 함께 있으면 세상이 조금 더 가벼워지는 듯했다.

마른하늘에 벼락이 쳤다. 쉰 고개를 갓 넘긴 그를 하늘이 급히 불렀다. 하늘에서도 No를 모르는 성격을 알아보고 그를 급히 어디에 쓰려고 부른 듯싶지만 이건 해도 너무했다. 성명이를 보내며 참 많이도 울었다. 탈북민들을 만나 흘린 눈물을 제외하면 내 삶에서 흘려보낸 눈물의 절반쯤은 그 친구가 떠나던 즈음에 쏟아낸 듯하다.

지금도 힘겨운 결정을 앞두거나 감당하기 벅찬 일이 생기면 가장 먼저 성명이가 떠오른다. 그는 하늘로 갔지만 내 마음속에서는 여전히 곁에 앉아 "사람은 의리가 있어야지" 하며 호탕하게 웃는 내 안에 영원히 살아 있는 친구다.

향주는 대학원 시절 함께 공부한 인연으로 맺어진 친구다.

가정의학과 의사이지만 대학원에서는 사회복지를 전공했다. 그의 마음은 언제나 가난하고 어려운 이들을 향해 열려 있었다. 자신보다 남을 먼저 돌보는 따뜻한 마음씨가 향주를 향주답게 만들었다.

부부는 닮는다고 했던가. 친구의 남편 김동구 교수 또한 연세대 의대에서 이름을 떨친 분으로, 북한이탈주민적응지원센터 초대 소장을 맡아 탈북민들을 위한 의료 봉사활동에 헌신해왔다. 그런 사람 곁에서 함께 걸어가는 향주 또한 삶의 색깔이 다르지 않았다.

나는 20여 년 동안 향주의 진료를 받으면서도 단 한 번도 병원비를 낸 적이 없다. 진료비를 내려 할 때마다 웃으며 말했다.

"이건 탈북민들을 품고 봉사하는 네 마음에 내가 주는 작은 답례야."

그 한마디에 담긴 향주의 마음은 돈으로 셀 수 없는 귀한 정이었다. 그는 의사라는 직업을 넘어 사람을 살리는 마음을 가진 참된 친구였다.

2019년 봄이었다. 평소처럼 사무실에 들어서는데 뜻밖의 모습이 눈에 들어왔다. 늘 책을 읽으며 시간을 보내시던 설립자께서 소파에 누워 계셨고 안색마저 좋지 않아 심장이 덜컥 내려앉았다. 나는 급히 향주에게 전화를 걸고 그 길로 설립자님을 친구의 병원으로 모시고 갔다.

친구는 설립자님의 상태를 보더니 곧장 아드님께 연락을 취해 대학병원으로 모시라고 조언했다. 향주는 그날 재빠른 판단과 조치로 설립자님의 귀중한 생명을 구했다. 그런 일이 있은 뒤에 설립자님은 종종 내게 웃으며 말씀하시곤 했다.

"신 대표가 나를 살렸어요."

하지만 설립자님의 생명을 살린 진짜 은인은 송 원장이다. 지금쯤은 하늘나라에 계신 설립자님도 그 사실을 잘 아시리라. 그곳에서 여러 번, 진심 어린 감사의 인사를 송 원장에게 전하고 계실 것이다.

친구는 설립자님의 생명을 구했지만 정작 자신의 생명은 지켜내지 못했다. 5년 전 여름이었다. 나는 약도 타고 오랜만에 이야기도 나눌 겸 일찍 퇴근해 친구의 병원을 찾았다. 병원 근처에서 함께 식사하고 카페에 들러 커피를 마시며 그동안 못다한 이야기를 풀어놓았다. 그런데 대화 내내 친구의 얼굴빛이 좋지 않았다. 걸음을 옮길 때마다 숨이 차 보였고 한 발 한 발 내딛는 것조차 힘겨워 보였다.

성명이가 세상을 떠난 지 10여 년 만에 또 한 번의 아픈 이별이 찾아왔다.

향주는 동네 아줌마처럼 소탈하고 꾸밈없는 의사였다. 그 평범한 모습 뒤에 있는 사람의 생명을 살리고 아픔을 어루만지는 따뜻한 마음을 나는 잘 안다. 세상 누구보다 많은 생명을 돌보던 그가 정작 자신을 지키지 못한 채 떠나버린 일이 지금도 가슴을 미어지게 한다. 그의 빈자리는 여전히 내 마음속에 커다란 허공으로 남아 있다. 소중한 사람을 보내는 일은 아프면서도 허망하다.

보살핌도 대물림이 되는가 보다. 송 원장의 아버님은 치과원장을 지내셨다. 탈북민들이 남한에 오면 가장 먼저 발길을 들이는 곳이 중앙합동신문센터이다. 아버님께서 2003년에 별세하신 후 유족들은 고인의 뜻을 따라 모든 치과 의료장비를 중앙합동신문센터와 하나원에 기증했다.

그해 7월 8일, 아버님이 세상을 떠나신 지 불과 열흘 만에 센터는 '송윤의 선생 기념 치과 진료소'를 개원했다. 고인의 따뜻한 뜻이 그대로 전해져 남과 북을 넘어 새로운 삶을 시작하는 이들에게 첫 미소를 되돌려 주는 보금자리가 된 것이다.

너무 일찍 별이 되어버린 친구 넷은 내 인생의 구간마다 가장 빛나는 베스트 프렌드였다. 그들이 떠난 뒤 내 마음에 남겨진 것은 지울 수 없는 슬픔과 끝없는 그리움이었다. 그 아픔은 어느새 내 안에서 따뜻한 씨앗이 되어 탈북민들을 보듬는 마음으로 자라났다.

간절히 그리우면 먼 곳도 멀지 않다지만 이승과 저승은 그 마음이 아무리 간절해도 닿을 수 없는 거리다. 그 거리를 이제야 조금 알 듯하다. 나야 하늘이 막아버린 길이라 어쩔 수 없다지만 지척에 두고도 가족을 볼 수 없는 탈북민들의 심정은 오죽하랴. 그들의 눈물이 곧 내 눈물이 되고 그들의 그리움이 내 마음속에 또 하나의 씨앗이 되어 지금까지 나를 움직이게 한다.

내 곁의 가장 친한 친구들은 왜 하나같이 서둘러 하늘나라로 가버렸을까. 이승에서 빛나던 별들이니 저승에서도 길을 밝히라고 하늘이 일찍 데려간 걸까. 아니면 이승에서 곱게 피어난 꽃들이니 저승에서도 눈부신 꽃밭을 이루라고 먼저 불러간 걸까. 아직도 그 이유는 알 수 없지만 뻥 뚫린 마음 한구석은 오늘도 시리고 허전하다.

바람이 있다면 같은 하늘 아래 어디쯤에 옹기종기 모여 앉아 친구들끼리 다시 웃고 떠들었으면 좋겠다. "미녀는 우리 힘든 거 하나도 몰라줬잖아" 하고 투덜대며 내 흉이라도 봤으면 좋겠다. 그러다 어느 순간 의기투합해 "우리 미녀 아버지 만나러 가자" 하며 함께 길을 나서줬으면 좋겠다. 그때는 성명이가 앞장서서 "내가 앞길 뚫을게" 하고 호탕하게 나서지 않을까 싶다.

친구들이 아버지를 만나면 미주알고주알 내 얘기를 전해주었으면 좋겠다. 딸 미녀가 아버지와의 약속을 지키려고 얼마나 애쓰며 살았는지 얼마나 그리움에 울고 웃었는지. 아버지도 하늘에서 다 내려다보시겠지만 친구들 입을 통해 들으신다면 더 환하게 웃어주시지 않을까 싶다.

가끔 그런 생각을 해본다. 왜 사람은 죽으면 별이 된다고 할까. 혹시 육신은 사라져도 영혼은 여전히 반짝이며 하늘을 유영하기 때문일까. 아니면 남겨진 누군가에게 어두운 밤 작은 불빛이라도 되어주고 싶어서일까. 반짝이지 않으면 광활한 하늘 어딘가에서 너무 외롭고 쓸쓸해 스스로 빛을 내는 건 아닐까.

그래서 산 사람들도 밤하늘을 올려다보며 '저 별은 내 별, 저 별은 네 별'이라고 속삭이는 건지도 모른다. 먼 훗날에 우리가 머물 자리를 미리 정해두기 위해서, 그때가 되면 반짝이는 불빛으로 서로의 길을 잃지 않게 하려고 별이 되나 보다.

'죽은 자가 산 자에게 길을 내어준다'는 말을 살아가며 매일같이 실감한다. 아버지는 북녘하늘 별이 되어 내 걸음을 밝혀주셨고 하늘에서 반짝이는 친구들의 영혼은 내가 흔들릴 때마다 발걸음을 다잡아준다.

너무 일찍 별이 되어버린 나의 친구들. 나는 그들의 몫까지 살아내야 한다는 마음으로 하루에도 몇 번씩 흔들리지 말고 내 길을 가자고 다짐한다. 훗날 나 역시 별이 되어 그 길을 건너가면 친구들이 아버지를 모시고 우르르 몰려와 환하게 웃으며 물을 것이다.

"너, 잘하고 왔어?"

그 물음에 부끄럽지 않으려면 그때 풀어놓을 이야기보따리 열 개쯤은 꼭 준비해 가야겠다.

"내 그리운 친구들아, 오늘도 너희가 별빛이 되어 길을 비춰주니 어두운 밤에도 길을 잃지 않겠다고 꼭 약속할게."

전문가로 다시 만난 주파수

"자네가 무언가를 간절히 원하면 온 우주는 자네의 꿈이 실현되도록 도와준다네."

살다 보면 마음속에 오래 품어두었다가 인생의 굽잇길에서 문득 꺼내 보는 문장이 있다. 파울로 코엘료의 《연금술사》에 나오는 이 명구는 앞이 막혀 캄캄할 때마다 내게 다시금 발걸음을 내디딜 용기를 준다.

노인은 주인공 산티아고에게 "자아의 신화를 이루어내는 것이야말로 이 세상 모든 사람들에게 부과된 유일한 의무"라고 말한다. 나는 '연금술'의 의미를 온전히 이해하지 못하지만 그것은 어쩌면 각자 안에 잠든 고유한 씨앗을 발견해 활짝 꽃피우는 삶의 기술이 아닐까 싶다.

부전여전(父傳女傳)이라 했던가. 아버지를 닮아서인지 나는 어린 시절부터 책 읽는 것을 무척이나 좋아했다. 아침이면 초롱불 아래서 밤새 책을 읽다 그을린 앞머리와 숯검정처럼 시커멓게 된 코를 보고 언니들이 놀려대곤 했다. 졸음이 몰려올 때면 라디오를 들으며 잠을 쫓았다.

어린 시절 새벽녘에 들을 수 있는 유일한 방송은 KBS 사회교육방송이었다. '인민군 전사들…'로 시작하는 대북방송은 어린 내 마음을 사로잡았다. 나를 매료시킨 것은 방송의 내용이 아니라 진행자의 맑고도 힘찬 목소리였다. 귀에 쏙쏙 꽂히는 그 목소리가 내 상상을 자극했다. '내가 저 마이크 앞에 앉아 있다면 얼마나 좋을까.'

이런 상상은 어릴 적부터 들어온 말과 무관하지 않을 듯싶다. 목소리가 곱고 노래를 잘한다고 칭찬을 받으며 자라서인지, 나는 언제부턴가 목소리로 사람들의 마음을 움직이는 세상을 꿈꾸곤 했다.

내가 즐겨듣던 그 방송은 세월의 흐름에 따라 이름을 여러 번 바꿔 달았다. 1948년 '자유대한의 소리'로 첫 전파를 타기 시작해 1972년 7·4 남북공동성명 이후에는 '사회교육방송'으로 불렸고 2007년에는 '한민족방송'이라는 이름을 달았다.

돌이켜보면 어린 시절 라디오 앞에 앉아 반짝이던 눈빛으로 꿈꾸던 그 바람은 헛된 것이 아니었다. 오래도록 가슴속에 품고 있던 꿈이 마침내 현실이 되었으니 말이다. 파울로 코엘료의 '간절히 원하면…'은 결코 허언이 아니었다.

2009년 겨울이었다. 한민족방송 한 작가에게서 전화가 걸려왔다. '서울살림, 무엇이든 물어보세요'라는 탈북민 상담 프로그램이 있는데 내게 출연을 부탁하고 싶다는 내용이었다. 마침 그해는 새조위에서 탈북민 전문상담사를 양성하던 시기였다. 탈북민들의 상담이 날로 늘어나면서 나 또한 이 일을 더 넓은 영역에서 해야겠다는 필요성을 절실히 느끼던 때였다.

무엇보다 방송 출연은 내 어린 시절 가슴속에 품었던 간절한 꿈 중 하나였다. 기회는 한 번 놓치면 다시 오기 어렵다 하지 않던가. 이왕이면 방송을 통해 더 많은 사람들이 상담의 문을 두드릴 수 있도록 길을 열어주고 싶었다. 나는 감사한 마음을 가득 안고 주저 없이 출연하겠다고 했다.

'서울살림, 무엇이든 물어보세요'는 탈북민들이 남한 정착 과정에서 겪는 크고 작은 어려움을 해결할 수 있도록 정보를 제공하고 다양한 궁금증을 풀어주는 상담 프로그램이었다. 나는 고정 출연자로 교육, 법률, 심리, 가족, 건강, 취업 등 여러 분야의 전문가들과 함께 사연을 듣고 최선의 길을 찾아주는 역할을 맡았다.

그렇게 시작한 방송이 어느덧 10년의 세월을 채웠다. 2019

년 1월 프로그램이 막을 내리기까지 나는 수많은 탈북민들의 상처와 아픔 그리고 희망을 함께 품었다. 방송마다 그들의 이야기를 들으며 마음이 아릿했지만 한 사람이라도 조금 더 편히 숨 쉴 수 있도록 돕는 일이 나에겐 사명처럼 느껴졌다. 그 시간들은 내 삶에서 뜨겁고도 소중한 기록으로 남아 있다.

세월이 흘러가며 많은 기억들이 조금씩 희미해졌지만 몇몇 상담 사연들은 여전히 내 마음속에서 지워지지 않고 생생하다.

"중국에 두고 온 아이를 방학 때 잠시 데려왔는데 내 아이 같다는 생각이 들지 않아 서먹서먹하기만 해서 한참을 울었어요. 이제라도 남은 평생을 품에 안고 살고 싶은데 방법이 막막해요."

"남한 출신 남자와 결혼을 했는데 남편은 날마다 일터로 나가고 나 혼자 농사일을 다 했어요. 남편은 추수철이 되어 농산물을 팔아도 소득이 얼마인지조차 말해주지 않아요. 나를 그저 농사일만 하는 북한 여자 취급하며 무시하니 화가 나서 이혼하고 싶어요."

"남편에게 맛있는 밥을 해주고 싶어 '줄땅콩 어디서 살 수 있어요?' 하고 물었더니 그런 게 어디 있느냐며 구박을 하고 남한 음식이나 배우라며 타박을 하는데 너무 서러워서 눈물이 쏟아졌어요."

"우리 아들에게 사장 자리를 맡겨줘서 감사했는데 나중에 알고 보니 아들 명의로 대출을 받아서 결국 아들이 신용불량자가 되어버렸어요."

"제가 알고 지내던 원장의 솔깃한 말에 속아 피부마사지숍을 인수했는데 고객 정보라고 넘겨받은 것들이 알고 보니 상당수가 거짓이었어요. 탈북민이라고 동정 어린 시선을 받는 것도 달갑지 않은데, 이렇게 대놓고 사기를 당하니 정말 너무하다 싶어요."

대부분 이 사연들은 단순히 '상담'이라는 말로 담아내기엔 너무도 절박했으며 무겁고도 참담했다. 한 통의 사연으로 실려온 한 사람의 상처 속에는 눈물로 얼룩진 삶 전체가 담겨 있었다. 나는 그저 귀 기울여 들어주고 조금이라도 그들의 길을 밝힐 수 있는 말을 찾기 위해 애쓸 뿐이었다. 매주 1회, 10년을 이어가며 1천여 명이 넘는 탈북민들의 상담을 방송에서 함께했다. 모든 사연을 다 기억할 수는 없지만 그들의 목소리만큼은 지금도 내 마음속에 어제 들은 것처럼 생생하게 메아리친다.

이 방송은 어쩌면 내 인생의 숙명이 아니었을까 하는 생각이 든다. 마이크 너머로 전해오는 울음과 한숨, 간절한 호소를 들으며 나는 탈북민들이 안고 있는 문제들을 더 깊고 더 아프게 알게 되었다. 때로는 답이 보이지 않아 마음이 무거웠지만 작은 희망의 끈을 놓지 않으려 최선을 다해 길을 함께 찾았다.

그렇게 쌓인 10년의 시간은 내 삶의 한 축을 이루는 귀한 사명과도 같았고 누군가의 삶을 조금이라도 덜 힘들게 만들었다는 보람으로 오래도록 빛나는 기억이 되었다.

계곡의 흐린 물은 넓고 깊은 강이 품어야 맑아진다고 했다. 탈북민들은 바로 그 흐린 물과도 같다. 마음껏 가져도 외롭고 배불리 먹어도 늘 허기진 사람들이다. 모든 것이 생경한 남한 사회에서 온 힘을 다해 뿌리내리려 애쓰지만 매 순간 벽에 부딪히며 상처를 안고 살아간다.

'서울살림…'은 어린 시절 품었던 내 꿈을 현실로 이루어준 무대였다. 내가 가진 전문성을 나눌 수 있는 값진 통로였고 무엇보다 내 마음을 더 단단하게 다듬어준 스승이었다. 그 방송을 통해 나는 누군가에게 손을 내미는 것이 얼마나 큰 기적이 될 수 있는지를 배웠고 그 기적을 끝까지 이어가야 한다는 사명을 가슴에 새겼다.

방송을 통해 맺은 또 하나의 소중한 인연이 있다. '서울살림…'에 고정 출연하던 2012년 봄 어느 날이었다. 권영진 PD께서 내게 다른 프로그램에도 함께해달라는 제안을 해왔다.

그 프로그램은 한민족방송의 대표 코너인 '보고 싶은 얼굴 그리운 목소리(보그)'였다.

'보그'에서 내가 맡은 시간은 북녘의 고향으로 보내는 탈북민들의 편지를 읽고 그 사연을 함께 나누는 코너였다. 매주 화요일이면 스튜디오에 앉아 사연을 펼쳤다. 하나같이 가슴을 저미는 이야기들이었고 읽는 내내 마음이 무거웠다. 때로는 감정이 벅차올라 제대로 잇지 못하고 사연을 끊어버리는 실수를 하기도 했다. 그럴 때마다 박주현 PD가 건네는 따뜻한 한마디와 격려가 큰 힘이 되었다. 덕분에 나는 다시 용기를 내어 목소리를 다잡고 사연을 이어갈 수 있었다.

세상이 각박하다지만 마음을 열고 둘러보면 곳곳에 따뜻한 온기가 스며 있다. 그 온기가 사람을 살리고 세상을 살아볼 만한 곳으로 만들어준다. '보그'에서 보낸 시간은 그 사실을 다시금 깊이 새기게 한 소중한 경험이었다.

탈북민 정착지원을 하며 만나온 사람들만도 수천 명에 달한다. 그들의 가슴 아픈 사연들이 한 톨 한 톨 내 마음에 쌓여 이제는 마치 내 안에 또 하나의 삶들이 겹겹이 자리한 듯하다. 그래서일까. 그들의 이야기를 외부에 전할 때면 휴지를 곁에 두는 습관이 생겼다. 한 사연은 곧 눈물 한 방울이었고 한 목소리는 가슴을 후벼 파는 상처 하나였다.

내가 출연하던 탈북민 코너가 조선족 코너로 바뀌면서 2018년 말 '보그'를 마무리하게 되었다. 승차는 하차의 예고편이라지만 막상 내려설 때는 마음이 허전했다. 아마도 탈북민들의 목소리와 편지들이 하나둘 내 손을 떠나 멀어지는 듯한 아쉬움 때문이었을 것이다. 그 빈자리는 지금도 마음속에 깊은 공백으로 남아 있다.

10년 동안 이어온 방송 활동은 신이 내게 내려주신 특별한 선물인지 모른다. 하지만 그보다 더 귀한 보너스를 주셨으니 그것은 바로 이소연 아나운서와의 인연이다.

'새조위 30년사'에 실린 이소연 아나운서의 글을 옮긴다. 내용이 길어 요약·편집했다.

(…) 탈북민들이 남한사회에 정착하는 과정에서 겪는 크고 작은 고충을 들으며 그들을 어떻게 위로할 수 있을지 고민하던 중 새조위(새롭고 하나된 조국을 위한 모임)의 존재를 알게 되었습니다. 특히 방송을 통해 새조위 신미녀 대표를 만나면서 나는 탈북민들을 향한 시선을 새롭게 바꾸게 되었고 그들을 품는 새로운 삶의 방향을 정하는 데 결정적인 계기를 얻을 수 있었습니다.

'서울살림, 무엇이든 물어보세요', '보고 싶은 얼굴, 그리운 목소리' 같은 프로그램을 진행하며 나는 사회주의 국가에 살고 있는 수많은 동포들 그리고 제3국에서 숨조차 쉬기 어려운 상황에 놓인 탈북민들을 만날 수 있는 소중한 통로가 바로 '방송을 통한 편지 보내기'였다는 사실을 깊이 느꼈습니다.

중국이나 제3국에서 신분을 숨긴 채 살아야 했던 그들이 겪은 고난과 불이익 그리고 인권침해의 참혹함을 생각할 때마다 가슴이 먹먹해졌습니다. 탈북민들의 편지를 읽는 순간마다 눈물이 뜨겁게 흘러내려 목소리가 떨려오는 걸 억누르기조차 힘들었습니다. 탈북민은 제게 더 이상 '도와야 할 대상'이 아니라 소중한 이웃입니다. 함께 웃고 함께 울며 주어진 하루하루를 굳건히 걸어가겠다고 다시 다짐합니다.

나는 방송 출연에 내레이션이라는 특별한 기회까지 얻었다. KBS 라디오 특집 다큐멘터리 '다시 날자: 탈북민 심리치유 프로젝트'는 2부작으로 구성된 프로그램이었다. 탈북민 여성 300명을 대상으로 한 설문조사와 심층 인터뷰 그리고 심리상담 전문가들의 의견을 바탕으로 제작되었는데 그 프로그램에서 내가 직접 내레이션을 맡게 된 것이다.

보통 이런 작업은 성우나 아나운서가 담당하지만 황형선 PD가 "현장의 숨결을 가장 잘 아는 사람이 직접 목소리를 얹어야 프로그램이 산다"며 내게 부탁을 했다. 처음 해보는 일이라 서툴렀지만 이소연 아나운서에게서 발성법을 배우고 여러 작품을 들으며 감을 익혔다. 지금 다시 들어보면 쑥스러운 부분이 한두 군데가 아니지만 황 PD는 끝까지 아낌없는 칭찬으로 나를 격려해 주었다. 그 따뜻한 마음이 아직도 고맙다.

 어린 시절 간절히 꿈꾸던 방송은 이렇게 현실이 되었고 그 꿈 위에 뜻밖의 보너스까지 덤으로 얹어졌다. 인생은 end가 아니라 and라고 했던가. 나는 오늘도 또 다른 꿈을 품으며 내 길을 간다. 언젠가 내가 품은 꿈들이 누군가에게 닿아 그들이 걸어갈 길을 밝히는 작은 별빛이 되기를 바라며.

그들과 함께한 계절들

"빨리 가려면 혼자 가고 멀리 가려면 함께 가라."

통일운동은 멀리 그리고 함께 가는 길이었다. 굽이굽이마다 기쁨과 눈물이 뒤섞인 사연들이 있었지만 많은 분들의 격려와 응원이 있었기에 주저앉지 않고 여기까지 올 수 있었다. 남은 길 또한 혼자가 아닌 '우리'의 길로 가고 싶다. 탈북민들을 향한 응원가를 마음속에 품고 한 사람의 손을 더 잡으며 한 걸음이라도 더 멀리 더 따뜻하게 나아가고 싶다. 언젠가 그 길 끝에서 통일의 노래를 함께 부를 날을 꿈꾸며 오늘도 나는 최선을 다해 발걸음을 내디딘다.

22년 동안 탈북민 정착지원을 이어오며 내가 만나온 탈북민은 7천여 명에 이른다. 새조위가 진행한 상담, 교육, 돌봄, 코칭, 취업 지원 프로그램 등 크고 작은 통일운동 사업 현장에서 그들을 마주했다.

 탈북민들은 서울을 비롯해 경기, 인천, 대전, 광주, 부산, 대구 등 전국 곳곳으로 흩어져 새로운 삶을 일구며 살고 있다. 저마다 다른 사연을 안고 남한 땅을 밟았지만 공통점은 하나였다. 그들은 하나같이 낯선 세상에서 살아남기 위해 안간힘을 쓰며 하루하루를 버티고 또 버텨야 했다. 그 여정을 곁에서 함께 걸으며 나는 그들의 눈물과 웃음을 내 삶에 새겨왔다.

 모든 사연이 머릿속에 또렷하게 남아 있는 것은 아니지만 몸은 기막히게 그 이야기들을 기억하고 있다. 그 때문일까. 탈북민에 관한 이야기를 할 때면 가슴이 저릿하게 조여오고 눈물이 절로 차오른다. 마치 오래전 그날의 한숨과 울음이 내 몸속 어딘가에서 다시 살아나는 듯하다.

 주변에서는 오래전부터 내게 말했다.

 "모든 걸 잠시 내려놓고 휴대폰도 없이 외국에 나가 몇 달간 쉬다 와요."

 그 말이 나를 위하는 마음이라는 걸 안다. 하지만 내가 하는 일은 언제 어디서, 어떤 상황이 생길지 모른다. 내가 잠시 손을 놓는 사이에도 누군가가 절실히 도움을 기다릴지 모른다. 그래서일까. 나를 위한 휴식이라는 건 여태까지 큰 사치처럼만 느껴졌다.

평양 출신의 70대 후반 어르신 한 분은 집 안 한쪽에 운동기구를 놓고 열심히 몸을 단련하고 계셨다. 그 연세에 너무 무리하시는 건 아닌가 싶어 여쭈었더니 고개를 크게 저으며 말씀하셨다.

"나는 한 푼도 안 쓰고 모으고 있어요. 고향에 아들 셋이 있는데 통일되면 아버지의 결정이 옳았다는 걸 꼭 증명하고 싶어요. 그리고 친구들 만나서도 같은 말을 할 수 있어야지요. 그래서 열심히 운동하고 모임마다 나가서 통일을 외치고 있어요."

모든 일에는 저마다의 사연이 있다지만 이 어르신의 이야기는 내 마음에 긴 여운을 남겼다. 차마 "통일이 언제 올지 모르니 돈 아껴두지 말고 맛있는 것 좀 사 드세요"라는 말을 꺼내지 못했다.

돈을 아껴 자식들에게 보내준다며 겨울에도 보일러를 틀지 않고 두꺼운 옷으로 버티시는 어르신, 남한에 온 지 3년 만에 처음 외식을 한다는 어르신들도 있었다. 저마다 사연 뒤에는 북한에 두고 온 자녀들을 향한 부모의 마음이 있었다. 그리움과 죄책감은 한순간도 내려놓을 수 없는 짐이 되어 그들의 어깨를 무겁게 짓누르고 있었다.

새조위가 행정안전부 지원으로 '탈북민 전국 인적 네트워크'

사업을 진행하던 때였다. 프로그램의 목적은 일주일에 한 번, 2주에 걸쳐 탈북민 가정에 10명씩 모여 대화를 나누며 서로를 이해하고 교류를 넓히는 것이었다. 작은 모임이었지만 서로의 외로움을 덜고 지친 마음을 나누는 귀한 시간이 되길 바랐다.

그중 초기 치매 증상이 있는 한 어르신은 사사건건 주변을 의심하며 거의 고립된 삶을 살고 계셨다. 그런데 첫 번째 모임이 끝난 지 며칠 지나지 않아 그분이 세상을 떠났다는 소식을 들었다. 우리 마음을 더욱 저리게 한 것은 그분의 방에서 발견된 500만 원이었다. 북한에 있는 아들 두 명에게 언젠가 전해주려고 한 푼 두 푼 모아온 돈이었다.

남한에 와서도 결코 끊을 수 없는 것은 북녘 가족에 대한 그리움이다. 언제 올지 모를 통일을 기다리며 아껴둔 돈과 그 마음을 생각하면 하루라도 빨리 남과 북이 하나가 되기를 바라는 마음이 곱절로 간절해진다.

한 달이면 보통 5~6개의 프로그램이 끊임없이 이어졌다. 매주 세 번 정도는 정기 일정이 있었고 주말에도 교육 프로그램이 잡히는 경우가 많았다. 주말을 거의 반납하다시피 했지만 힘들다고 느낀 적은 별로 없었다.

나는 숱한 시간을 탈북민들과 함께하며 그들의 이야기를 듣고 마음을 보듬고 손을 잡아주었다. 때로는 물질적인 도움을 때로는 마음의 기댈 곳을 내어주며 그들과 한 걸음 한 걸음 동행했다. 프로그램에 참여한 탈북민들을 마주할 때마다 그들의 사연을 들을 때마다 내 안에서는 절로 사명감이 타올랐다. '이 길을 끝까지 걸어야 한다'는 다짐이 절로 생겨났다.

그들을 만나면 한두 시간은 기본이었다. 이야기를 풀어놓기 시작하면 끝이 없었다. 북녘 가족과의 이별, 중국으로 넘어올 수밖에 없었던 사연, 그곳에서 수차례 붙잡혀 북한 감옥에서 겪은 모진 고생, 브로커에게 당한 갖가지 피해 등 어느 것 하나 상처 아닌 게 없었다.

말도 통하지 않는 한족 남편과 억지로 함께 살았던 일화, 남한으로 오는 길에 체포되어 넘겼던 죽을 고비, 중국 남편의 가족에게 모진 수모를 당하며 눈물로 보낸 세월…. 그 이야기를 들으며 함께 울지 않을 수 없었다.

탈북민들은 모두가 사연 많은 사람들이다. 보통 사람들보다 더 많은 곡절을 겪으며 살아남은 이들이다. 우리는 주말이면 단체로 찜질방에 모여 북한에서 살던 시절의 이야기, 중국에서 버텨낸 나날들을 나누며 서로의 상처를 보듬었다. 그 순간만큼은 피로도 잊고 오래 잃었던 가족을 다시 찾은 듯 따뜻함 속에 잠길 수 있었다. 돌이켜보면 그 시간은 진짜 가족보다도 더 진한 정을 느끼게 해주던 소중한 순간들이었다.

초기에는 탈북민들이 주로 몽골을 통해 남한으로 들어왔다. 하지만 그 길은 결코 안전하지 않았다. 브로커가 알려주는 대로 움직인다 해도 표지판 하나 없는 광활한 초원에서 방향을 잃고 헤매다 굶어 죽는 사람들도 있었다. 목이 타들어 가면 자기 소변으로 갈증을 달래고 혹독한 추위에 발이 얼어붙어 절단 수술까지 받아야 하는 경우도 있었다.

어떤 이는 굶주림에 쓰러져 의식을 잃었는데 며칠 뒤 눈을 떠보니 몽골 군부대 천막 안이었다고 했다. 죽음의 문턱을 간신히 넘은 것이었다. 그들은 몽골에서 보낸 그 처절한 시간을 '양탕굴 생활'이라고 불렀다. 남한까지 오는 과정의 고통스런 시절을 떠올릴 때마다 눈시울을 붉혔다.

북한에서 살던 사람들이 하루아침에 우리 사회로 들어왔지만 당시의 정부와 사회는 그들을 맞이할 준비가 전혀 되어 있지 않았다. 심지어 탈북민을 북한 정권과 동일시하는 시선까지 있어 그들을 향한 편견과 차별은 생각보다 훨씬 차갑고 날카로웠다.

이런 환경 속에서 많은 탈북민들은 정착에 큰 어려움을 겪었다. 어차피 여기서 뿌리내리기 힘들다면 차별이 덜한 나라에서 사는 것이 낫겠다는 생각으로 유럽으로 떠나는 이들도 있었다. 그곳에 먼저 정착한 사람들이 남한에 남은 가족이나 지인을 불러들이기도 했다.

 목숨을 걸고 바다와 강을 건너 온 사람들을 같은 민족인 우리가 품어주지 못해 다시 먼 타국으로 보내야 한다는 사실이 참으로 서글펐다. 우리가 조금만 더 따뜻하게 안아주었다면 그들이 또다시 이방인이 되는 길을 택하지 않아도 되었을 텐데….

 유럽으로 향하는 탈북민들이 점차 많아지자 일부 유럽 국가에서는 한국에서 이미 정착했다가 건너온 사람들이라는 이유로 난민 인정을 꺼리는 사례가 생겨났다. 난민 신청이 받아들여지지 않아 다시 한국으로 돌아오고 캐나다 등 다른 나라로 거처를 옮기기도 했다.

 캐나다로 향하는 길에선 브로커들의 개입으로 또 다른 문제가 발생하기도 했다. 탈북민들을 돕는다는 명목으로 높은 비용을 요구하거나 불법 경로를 안내해 피해를 입히는 일들이 있었다. 그 일로 인해 한국에 다시 오고 싶어도 오지 못하는 경우들이 있었다.

 지금 탈북민들은 한국뿐 아니라 영국, 미국, 캐나다, 일본 등 세계 여러 나라에 흩어져 살고 있다. 각자 다른 땅에서 새로운 삶을 꾸려가지만 하루하루가 여전히 고단하다. 사람이 낯설고 일상도 낯설다. 그들이 겪는 고통과 사연을 떠올릴 때마다 탈북은 끝이 아니라 또 다른 시작일 뿐이라는 사실을 절감한다.

한때는 탈북민들이 북한에 남겨둔 가족들에게 보내는 생활비조차 '대북송금'으로 간주해 단속 대상이 된 적이 있었다. 그 시기 새조위 주최로 국회에서 연 세미나에서 한 여성이 울먹이며 호소했다.

"저는 북한에 중학교 다니는 딸이 두 명 있습니다. 제가 돈을 보내주지 않으면 그 아이들은 굶어 죽습니다. 저에게 돈을 못 보내게 막으신다면 저는 이 나라를 떠날 겁니다."

그 호소에 세미나장은 울음바다가 되었다. 그 자리에는 정치인, 전문가, 일반주민 등이 있었지만 '엄마의 절박한 사랑' 앞에서는 누구도 말을 잇지 못했다. 탈북민들의 송금은 국경을 넘어 생명을 이어주는 마지막 숨줄이었다는 사실을 그날 모두가 절실히 깨달았다.

지방에 살고 있는 한 탈북 여성이 울먹이며 전화를 걸어왔다. 억울하다는 하소연이었다. 사연은 이랬다. 중국에 있는 남편을 국제결혼 절차를 통해 남한으로 초청했지만 실제로는 함께 살 계획이 없었다는 것이다. 그런데 그것이 불법으로 간주되어 벌금을 내야 할 상황에 처했다고 했다.

많은 북한 여성들이 중국으로 넘어가면 브로커에 의해 강제로 중국 남성에게 팔려 간다. 중국어도 모르고 공안에게 잡히면 북송당할 위험이 있어 억울해도 다른 선택조차 할 수 없는 게 현실이다.

그녀들은 원치 않는 결혼 속에서도 아이를 낳고 살아간다. 하지만 그 결혼은 법적으로 인정되지 않아 신분은 언제나 불안정하고 삶은 위태롭다. 남한으로 들어온 뒤 중국에 남겨진 아이들을 데려오려 하면 일부 중국인 남편은 자신을 초청해 달라는 조건을 내세우거나 금전을 요구하기도 한다.

일부 여성들은 "힘들긴 했지만 그래도 그 사람 덕에 중국에서 살 수 있었고 남한에 올 수 있었으니 도와줘야지"라며 감사한 마음으로 그들의 요구를 받아들이기도 한다.

중국인 남편과 함께 남한에 와서 정착에 성공하고 행복하게 살아가는 탈북민 가족도 많다. 그들의 삶은 탈북 여정만큼이나 복잡하고 다층적이다. 합법과 불법이라는 잣대로는 도저히 설명할 수 없는 사연들이 얽혀 있다. 여성들의 눈물은 단지 억울함만이 아니라 그간 꾹꾹 눌러 온 삶의 무게와 제도의 틀에 담기지 못한 절박함에서 흘러나온 것이었다. 우리는 그들을 법의 잣대로 재기보다 아픈 이야기를 가슴으로 먼저 들어야 한다.

만나온 탈북민들의 사연은 하나같이 애절하다. 부모를 모시고 오지 못한 자식으로서의 죄책감, 어린 자식을 두고 온 부모로서의 자괴감…. 자유의 땅 남한에서 숨 쉬고 살아가면서도 그들의 가슴속에는 눈물이 가득하다.

나 역시 아버지가 실향민이셨기에 그 마음을 너무나 잘 안다. 아버지는 무려 60년 동안 북녘 가족을 그리는 한을 품은 채 하늘로 떠나셨다. 이제는 더 이상 누군가가 그렇게 가슴에 한을 묻고 세상을 떠나는 일이 없기를 바란다. 그것은 우리가 반드시 해야 할 일이고 남은 이들이 짊어져야 할 숙제다.

탈북은 목숨을 건 모험이다. 성공할 수도 있지만 그 길에는 셀 수 없이 많은 위험과 변수가 도사리고 있다. 국경을 넘는 순간은 생사를 장담할 수 없고 모든 발걸음이 벼랑 끝을 걷는 심정이라 해도 과언이 아니다.

떠날 때 북한 가족에게 '남한으로 간다'는 말을 차마 남기지 못하는 경우가 대부분이다. 중국으로 건너가 잠시 도움을 받고 다시 돌아오겠다는 생각으로 길을 나서거나 가족에게조차 알리지 않고 떠나는 일이 허다하다.

사정이 그렇다 보니 남한에 와서 새로운 부부 인연을 맺었는데, 어느 날 예상치 못하게 북한에 남겨진 가족이 뒤늦게 탈북해 만나게 되는 경우도 있다. 기쁨과 놀라움이 뒤섞인 재회의 순간이지만 그 뒤에는 말할 수 없는 아픔과 상처가 고스란히 깔려 있다.

　누가 감히 이 굽이진 여정 속에 켜켜이 쌓인 눈물과 고통을 다 안다고 말할 수 있을까. 나는 그저 조심스럽게 그 아픈 사연들 앞에 머리 숙이고 귀를 기울일 뿐이다.

　경험이란 아무리 쌓아도 부족한 듯하다. 내가 써 내려간 이 이야기들은 딸이 아버지께 올리는 '중간 보고서'다. 내가 걸어온 길에서 마주하고 보고 듣고 느낀 것들을 가능한 한 꾸밈없이 담고 싶었다. 다만 기억과 경험의 곳곳에는 어쩔 수 없는 공백도 있을 터이다.

　한 가지 바람이 있다. 나의 이야기가 독자들에게 '탈북민들의 삶은 모두 그렇다'는 식으로 일반화되지 않았으면 한다. 내가 본 세상도, 내가 만난 사람들의 사연도 결국 한 조각에 불과하다. 세상에는 내가 아직 만나지 못한 수많은 이야기가 있고 그 안에는 또 다른 눈물과 또 다른 빛이 있다. 내 기록이 누군가의 마음을 여는 작은 창이 되길 바라지만 그 창을 통해 본 풍경이 전부라고는 생각하지 않기를 바란다.

　세월이 흐르면서 어떤 일들은 옛이야기와 추억 속 인물이 되어버렸고 또 어떤 일들은 여전히 현재진행형으로 내 곁에 남아 있다. 아픈 사연을 가슴 깊이 묻은 채 꿋꿋이 살아가는 그들을 보며 나 역시 한결같은 마음으로 그들의 곁을 지켜주겠다는 다짐을 거듭한다.

  언젠가 그들이 활짝 핀 얼굴로 "곡절은 있었지만 남한에 오길 참 잘했다"라고 말해줄 날을 기다린다. 통일이 되어 그들과 함께 그리운 고향으로 가보고 싶다. 트럭에 선물을 가득 싣고 가서 고향 사람들 한 명 한 명에게 따뜻한 손길을 내밀고 아버지 이야기를 들려주고 싶다.

  아직도 나는 그런 꿈을 자주 꾼다. 그날이 오면 세월이 남긴 모든 눈물이 기쁨으로 바뀌기를 간절히 바란다.

곁을 지켜준 사람들

'새조위 37년, 함께였기에 여기까지 올 수 있었습니다.'

고종황제의 뜻으로 1904년에 세워진 서울클럽에서 2024년 새조위의 밤 모임을 열었다. 마치 친정집처럼 아낌없는 사랑을 주신 통일한땀 김복진 소장님의 배려 덕이었다. 2023년 모임에서도 '참 감사한 여러분, 다 덕분입니다'라는 문구를 마주하며 우리는 서로의 눈빛 속에서 고마움을 나누었다.

시민단체가 반세기에 가까운 역사를 이어간다는 것은 결코 쉬운 일이 아니다. 새조위 역시 굽이굽이 험한 길을 걸으며 숱한 곡절과 사연을 겪어야 했다. 그럼에도 불구하고 여기까지 올 수 있었던 것은 셀 수 없이 많은 분들이 보이지 않는 자리에서 밀어주고 끌어주셨기 때문이다.

그 고마운 손길들이 없었다면 험한 길 어디쯤에서 주저앉았을지도 모른다. 그래서 나는 오늘도 그분들에 대한 깊은 감사의 마음을 품고 처음 설립자께서 새조위를 세웠던 그 뜻을 잃지 않으려 애쓴다. 앞으로도 그 마음을 지켜가며 더 단단하고 따뜻한 걸음으로 목적지를 향하려 한다.

오래된 필름의 한 컷 한 컷이 되살아나듯 수많은 얼굴들이 눈앞에 아련히 스쳐 간다. 평화통일의 꿈을 가슴에 품고 새조위의 깃발을 힘차게 흔들며 언제나 환한 미소로 모두를 맞아주시던 홍사덕 설립자님은 지금도 곁에서 나를 지켜보고 계신 듯하다.

권오형, 한견우, 정수성, 오해수, 정태형, 황정근, 금동원 공동대표님들과 이사, 자문위원, 센터장, 전문가, 자원봉사자 한 분 한 분이 계셨기에 험한 길에서도 흔들림 없이 여기까지 올 수 있었다. 그분들이 쌓아 올린 벽돌 한 장, 기둥 하나, 기와 한 장이 모여 초가집 같던 새조위가 의젓한 궁궐로 자리를 잡을 수 있었다. 생각할수록 감사한 마음뿐이다.

새조위의 틀을 정성스럽게 설계해준 손호익 후배, 초기의 어려운 길을 앞장서 이끌어준 오두환 회장 또한 잊을 수 없는 소중한 인연이다.

감사한 분들의 이름을 하나하나 적어 내려가려면 수십 페이지로도 부족할 것이다. 글에는 다 담지 못했지만 소중한 이름들은 가슴 곳곳에 빼곡히 새겨져 있다. 가끔 마음속 추억의 서랍을 열어 고마운 얼굴들을 떠올릴 때마다 감사함은 더 짙고 선명하게 내 마음을 적신다. 모든 분들의 헌신이 있었기에 지금의 새조위가 있다. 그 은혜를 가슴 깊이 새기며 앞으로도 그 뜻을 이어가고 싶다.

새조위라는 길을 함께 열어준 사람들, 지친 발걸음에 응원가를 불러준 사람들은 셀 수 없이 많지만 몇몇 분들에 대해서는 조금 더 이야기를 덧붙이고 싶다. 그분들이 아니었다면 오늘의 새조위는 없었을 테니 말이다.

새조위를 처음 방문하는 사람들은 하나같이 놀란다. 시민단체가 종묘와 창경궁이 한눈에 내려다보이는 종로 한복판 전망 좋은 12층 건물에 자리하고 있기 때문이다. 통일운동을 하는 단체가 이렇게 버젓한 빌딩에서 탈북민들을 위한 교육과 지원을 지속할 수 있었던 건 전적으로 양재훈 사장님의 덕분이다.

양 사장님은 평소 서울사대부고 선배이신 설립자를 깊이 존경했고 탈북민들을 향한 마음 또한 남달랐다. 그분의 넉넉하고 따뜻한 뜻이 없었다면 새조위가 오늘과 같은 둥지를 마련하기 어려웠을 것이다. 지금도 새조위 곳곳에는 양 사장님의 마음이 스며 있다. 탈북민들이 안심하고 찾아와 배움을 이어가고 서로를 품을 수 있는 이 공간은 온정과 사랑이 깃든 보금자리다.

탈북민 교육이 있는 날이면 양 사장님은 종종 사무실에 들러주시곤 했다. 어느 날은 교육생 한 분을 본인이 운영하는 사업체에 취업시켜 주셨는데 그 교육생이 북한에 남겨둔 딸을 밤낮으로 그리워한다는 이야기를 듣고는 그 딸을 남한으로 데려올 수 있도록 기꺼이 경제적 지원까지 해주셨다.

사무실을 둘러보며 "신 대표, 요즘 하는 일은 잘되고 있나요?" 하고 물어주실 때면 그 한마디가 묘하게 큰 힘이 되어 마음이 든든해졌다. 양 사장님은 오랜 세월 동안 한결같은 마음으로 불우한 이웃을 챙겨온 분이다. 가끔 "길가에서 할머니가 팔기에 그냥 샀어요"라며 검은 봉지 하나를 내밀고 조용히 돌아서신다. 어쩌다 뵐 때마다 세월의 흔적이 얼굴에 조금씩 더 보이는 듯해 뭉클해진다. 부디 건강하시어 그 따뜻한 마음을 오래도록 나눠주시길 바랄 뿐이다.

북한이탈주민의료상담실 운영이 막막해 한 줄기 빛조차 보이지 않던 시절에 어둠을 밝혀주는 등불처럼 나타나신 분이 있었다. 바로 최신원 전 SK네트웍스 회장님이다. '을지로 최신원', '을지로 최'로 불리며 나눔을 실천하신 기부왕으로 세계공동모금회가 제정한 '글로벌 필란트로피상' 초대 수상자이기도 한 분이다.

2014년부터 수년간 최 회장님의 따뜻한 손길이 아니었다면 새조위의 의료상담실은 중간에 문을 닫았을지도 모른다. 그분은 거대 기업의 회장이었지만 마치 오래 알고 지낸 친근한 아저씨처럼 부드러운 미소와 다정한 말투로 우리를 대했다. 그 포근함이 많은 것을 말해 주었다.

진심 어린 온정이 있었기에 의료상담실은 뜻을 이어갈 수 있었고 많은 탈북민들이 다시 건강을 되찾는 기회를 얻을 수 있었다. 따뜻한 손길은 지금도 내 마음속에 환한 불빛처럼 남아 있다.

나도 가끔 '정이 많다'는 말을 듣지만 최 회장님의 정은 그야말로 철철 흘러넘쳤다. 그분은 탈북민뿐 아니라 이 땅에서 힘겹게 살아가는 이주여성들까지도 여러 형태로 돕고 계셨다. 어려운 이웃을 향한 그의 따뜻한 마음은 먼저 손을 내밀어주었고 그 손길은 받는 이들에게 큰 힘이 되었다.

회장님은 말로만이 아닌 삶으로 '노블레스 오블리주'를 실천하신 분이었다. 바라지 않고 조건 없이 주는 것이야말로 최고의 베풂이라는 사실을 몸소 보여주셨다. 진심 어린 나눔은 많은 이들의 마음을 다시 일어서게 하는 희망이 되었다. 그런 모습을 곁에서 지켜볼 때마다 나 또한 주는 삶이 얼마나 큰 축복인지를 새삼 배웠다.

  2022년이 저물어 가던 어느 날 모르는 분으로부터 후원금이 들어왔다. 뜻밖의 일이었지만 나는 곧장 마음을 다잡았다. 새조위는 형편이 어려워도 아무 돈이나 덥석 받지는 않는다. 이는 설립자의 뜻이자 내 스스로와의 약속이다.

  새조위라는 이름은 단체의 간판이 아니라 내가 가슴속 첫 번째 자리에 새긴 사명이다. 통일을 꿈꾸고 탈북민을 돕는 단체이기에 우리가 받는 후원금의 출처는 언제나 분명하고 깨끗해야 한다. 그것이 새조위를 믿고 찾아오는 사람들 그리고 이 길을 함께 걸어준 이들에 대한 최소한의 예의이자 책무라고 생각한다. 나는 오염되지 않은 비옥한 토양 위에서 내가 추구하는 뜻을 세우고 싶다. 힘들게 일군 길이기에 단 한 줌의 흙이라도 탁해지지 않기를 바라는 마음뿐이다.

  나는 곧바로 전화를 걸어 감사 인사를 드리며 어떻게 새조위를 알게 되었는지 여쭈었다. 그분은 내가 북한인권상을 받은 것을 보신 뒤 새조위에 관한 정보를 직접 확인해보고 후원을 결심하셨다고 했다. 그 천사 같은 분이 바로 김진원 사장님이다.

  사장님은 종로 사무실을 직접 방문해 궁금한 점들을 하나하나 묻고 새조위의 활동과 방향을 꼼꼼히 확인하셨다. 그 후로

벌써 3년째 꾸준히 후원을 이어오고 계시다. 재정적 도움뿐만 아니라 새조위 봉사자들을 위한 다양한 물품까지 아낌없이 보내주신다. 따뜻한 손길은 '당신들이 하는 일이 올바르다'는 믿음과 응원의 표시였다. 그 믿음으로 우리는 한 걸음 더 힘을 내어 이 길을 걸어간다.

생각할수록 신비롭고도 신통한 인연이다. 마치 내 마음을 멀리서 읽기라도 하시는지 곳간이 비어 쩔쩔맬 때마다 어김없이 채워주신다. 김 사장님은 새조위뿐만 아니라 여기저기 어두운 곳을 밝혀주는 빛과 같은 분이다. 캄캄한 밤하늘을 비추는 별처럼 은은하면서도 따스한 빛을 내어 세상을 환하게 만든다. 독실한 가톨릭 신자이신 김 사장님은 "모든 것은 성모 마리아께서 하시는 일"이라고 말씀하시곤 한다. '왼손이 하는 것을 오른손이 모르게 하라'는 성경 말씀을 삶으로 실천하신다. 믿음이 얼마나 깊으면 저러실 수 있을까 하는 생각이 들며 절로 존경심이 우러난다.

2024년 '새조위 송년의 밤'에는 한사코 사양하는 그분을 어렵게 모셨다. 그동안 말로 다 전하지 못했던 감사의 마음을 그 자리에서 전해 내 마음 또한 따뜻하게 채워지는 밤이었다.

2025년 연초는 아쉬움과 감동이 교차했다. 부산 백병원 북한이탈주민 의료상담실 직원으로부터 연락이 왔다. 병원 사정으로 사무실을 비워달라는 통보였다. 그 상담실은 2016년에 문을 열어 부산과 인근 지역 탈북민 900여 명의 몸과 마음이 쉬어간 안식처였다. 수많은 환자들이 병을 치료하고 말 못할 사연을 털어놓으며 다시 살아갈 힘을 얻은 곳이다.

내겐 너무 소중한 상담실이 문을 닫아야 한다는 소식은 더욱 아프게 다가왔다. 하지만 어쩔 수 없는 상황 앞에서 1월 말에 제5호 북한이탈주민 의료상담실의 문을 조용히 닫았다. 아쉬움 속에서도 그간 함께해 준 많은 분들의 마음과 손길이 떠올랐다. 이 상담실이 남긴 따뜻한 흔적이 거쳐 간 사람들의 삶에 작은 향기가 되기를 바라는 마음으로 인사를 전했다. 그리고 9년 가까운 세월 동안 탈북민들에게 많은 도움을 준 부산백병원에도 큰 감사의 말을 전한다.

문을 닫고 시간이 조금 흐른 뒤였다. 모르는 번호로 전화가 걸려왔다. 평소 같으면 받지 않았을 텐데 왠지 모를 느낌이 들어 전화를 받았다. 상대는 부산에 계신 교수님이었고 김 사장님의 대학 동기라고 자신을 소개했다. 교수님은 백병원 상담실을 다시 열 방법이 있는지 알아보고 싶다고 말씀하셨다. 순간, 가슴이 울컥했다. 사장님께서 우리 사정을 친구분께 이야기해주셨구나, 그 마음이 이렇게 전해져 오는구나 싶어 눈물이 핑 돌았다. 타인이 나를 필요로 할 때 진정한 내가 된다라고 했다. 김 사장님은 바로 '진정한 나'를 살아내시는 분이다. 겉으로 드러나는 도움보다 마음은 더 깊고 더 따뜻하게 번져 나가 주변을 밝히는 인품을 지닌 분이다. 그 따스한 울림에 나도 다시 힘을 내어 이 길을 걸어갈 용기를 얻는다.

북한이탈주민코칭센터 김광호 소장은 내가 사람들에게 '혜성처럼 나타나 천사처럼 도움을 주는 분'이라고 소개하는 특별한 인연이다. 설립자께서는 그를 '도인'이라고 부르시곤 했다. 실제로 새조위가 최신원 회장님과 연결될 수 있었던 것도 김 소장의 소개 덕분이었다.

김 소장님은 경영학 박사이면서도 30여 년간 명상으로 마음을 닦아온 분이다. 탈북민들을 진정으로 이해하고 싶다는 간절한 마음으로 상담심리학 박사학위까지 받았다. 그는 2012년부터 북한이탈주민코칭센터 2대 소장으로 활동하며 지금까지 강사비 전액을 한 푼도 남김없이 기부해 왔다.

봉사의 DNA가 몸에 배어 있는지 김 소장님의 가족들까지 모두 새조위와 함께하며 큰 도움을 주고 있다. 김 소장은 탈북민들의 상처를 진심으로 어루만지는 마음의 동반자이자 이 길을 함께 밝혀주는 귀한 빛 같은 존재다. 김광호 소장의 봉사 DNA는 그의 두 딸에게도 고스란히 이어졌다.

언니 김아영은 청심국제고등학교 재학 시절부터 새조위와

인연을 맺었다. 연차보고서를 직접 만들고 탈북민 돕기 프로젝트를 기획했으며 탈북민들에게 영어를 가르치는 봉사활동까지 했다. 현재는 미국 하버드 로스쿨을 졸업하고 뉴욕에서 로펌 변호사로 활동하며 여전히 따뜻한 마음을 나누고 있다.

동생 김의영은 중학교 3학년 때 탈북민들을 돕기 위해 '아우름'이라는 꽃집을 만들어 판매 수익 전액을 새조위에 기부했다. 언니를 이어 새조위 연차보고서를 제작했고 신사임당 봉사상, 스카우트 봉사대상 등 여러 상을 받았지만 상금은 모두 새조위에 기부했다. 지금까지 그가 기부한 금액만도 수천만 원에 달한다. 2016년 국제철학올림피아드에서는 우리나라 학생으로는 두 번째로 금메달을 수상하는 쾌거를 이루었다. 미국 예일대 로스쿨을 졸업하면 언니를 따라 뉴욕 로펌에서 변호사로 활동하며 더 큰 무대에서 정의와 나눔을 실천할 예정이다.

김 소장의 가족은 새조위가 걸어온 길에서 늘 큰 힘이 되어주었다. 봉사를 삶의 일부로 삼는 그 마음이야말로 진정한 나눔이 무엇인지를 보여주는 귀한 본보기다.

윗물이 맑아야 아랫물이 맑듯 뿌리가 깊으면 그 열매 또한 건강하게 맺힌다. 프랑스 철학자 앙리 베르그송은 "폭풍우를 이겨내는 힘은 겉으로 드러난 무리나 규모가 아니라 보이지 않는 깊은 뿌리에서 나온다"고 했다. 김 소장과 그 가족의 이야기를 떠올리면 아버지의 깊고 단단한 뿌리가 두 딸에게까지 이어져 풍성한 가지와 향기로운 열매를 맺고 있다는 사실을 실감한다.

새조위는 이렇게 묵묵히 자신의 자리에서 뿌리를 내린 분들 덕분에 수많은 어려움을 넘어설 수 있었다. 그분들의 선한 영향력은 큰 울림이 되어 단체를 지탱하는 힘이 되었고 나 또한 그 길에서 많이 배우고 조금씩 성장해왔다. 좋은 생각을 오래 간직하고 그 생각을 행동으로 옮기며 실천한다는 것이 얼마나 귀하고 어려운 일인지 그분들이 마음으로 몸으로 보여주셨다. 이처럼 새조위의 길에는 언제나 누군가의 따뜻한 손길과 깊이 뿌리내린 믿음이 함께 있다.

김영수 교수(전 서강대 부총장)는 북한 및 통일 분야에서 손꼽히는 국내 최고 권위자다. 교수님은 "새조위의 가장 큰 강점은 남과 북이 하나 되어 함께 호흡하는 것"이라며 "누가 남한 출신이고 누가 북한 출신인지 구분할 수조차 없다"고 말씀해 주셨다. 지난 20여 년 동안 새조위와 함께하며 많은 도움을 주신 학자이자, 내게는 친정오라버니 같은 든든한 버팀목이다.

길이 보이지 않을 때마다 교수님은 문제를 해결할 지혜와 아이디어를 내어주셨다. 노래 솜씨 또한 수준급이어서 2014년에는 나와 함께 '통일의 꿈'을 노래로 불렀고 2016년부터는 새조위 통일연극팀 단장을 맡아 연극의 지평을 넓혀가고 계신다. 언제나 밝은 미소로 사람을 대하고 잠시만 대화를 나눠도 부정적인 마음을 긍정으로 바꿔주는 게 교수님의 매력이다.

멀리 가려면 함께 가야 한다. 큰 불을 피우려면 많은 장작이 필요하듯 새조위가 오늘에 이르기까지는 수많은 자원봉사자들의 땀과 정성이 밑불이 되어주었다. 국제청심고, 서울과학고, 대원외고, 양재고, 용인외고 학생들을 비롯해 하버드대, 스탠퍼드대, 예일대 등 해외 유수 대학생들이 봉사자로 참여해 새조위의 작은 불씨를 지폈다. 영국, 독일, 프랑스 등 여러 국가에서 온 학생들도 인턴으로 함께하며 탈북민을 이해하고 한반도 통일을 향한 민간외교의 작은 다리가 되어주었다. 그들이 남긴 작은 손길과 마음은 새조위의 길에 소중한 흔적으로 남아 있다. 20년간 한결같이 해외 관련 일을 맡아준 문천상 이사도 새조위의 고마운 조력자이다. 10년간 대전지부를 이끌어주신 배재대학 서진욱 교수님께도 진심으로 감사드린다.

받은 은혜는 오래 품으라고 했다. 나는 새조위를 거쳐 간 모든 분들의 따뜻한 뜻과 정성을 가슴 깊이 새기며 초심을 잃지 않고 길을 가려 한다. 길이 멀고 험할 때마다 어둠 속 등불이 되고 절망 속 희망이 되어준 모든 분들, 진심 어린 마음 하나하나에 가슴으로 감사드린다.

하늘로 띄우는 딸의 편지

보고 싶은 아버지,

당신의 셋째 딸 미녀입니다. 밤길을 걷다 문득 별빛이 유난히 반짝이면 어김없이 아버지 생각이 밀려와 발걸음을 멈추곤 합니다. 길주에 꼭 모시고 가겠다고 다짐했는데 그 약속을 지키지 못한 채 가슴에 '불효'라는 두 글자를 품고 살아갑니다.

아버지,
그곳에서는 길주가 훤히 내려다보이시죠? 저도 가끔 아버지가 계실 북녘하늘을 올려다보며 마음속으로 말을 걸어요. 그곳에서 더 편히 쉬시라고요. 아버지가 그 하늘을 바라보며 흘리신 눈물은 운명이 되고 길이 되어 오늘도 제 발걸음을 이끌어줘요.

저는 사실 어린 시절 아버지가 무섭고 싫었어요. 술을 드시고 오시는 날이면 늦은 밤까지 북한에서 살던 이야기, 북녘 가족들에 대한 이야기, 훈춘과 도문에 갔던 기억 등 같은 말을 하시는 것이 싫었어요. 잠이 오는데도 계속 들어야 하는 것도 싫었어요. 그것에 대해 시험 치는 것은 더 무서웠어요. 초등학교 입학 전부터였으니 어린 나이에 어떻게 그걸 다 기억하겠어요. 싫고 무서웠지만 나이가 들면서 아버지의 마음을 알기에 이 길을 선택했고 아버지의 발자취가 그리워 도문과 훈춘에 여러 번 다녀오기도 했어요.

먹을 것조차 변변하지 못한 시절이었지만 아버지는 "니들이 능력만 있으면 유학이라도 보내주마"라며 우리에게 희망을 주셨지요. 막내 여동생과 남동생은 초등학교, 중학교 때 서울로 전학을 보내시기도 하셨고요. 집안 형편이 어려워 말을 못하다가 교복을 입고 나설 때야 돈을 달라 하면 엄마는 "돈이 어디 있어!"라며 퉁명스럽게 말씀하셨지요. 그때마다 아버지는 "어여 장롱에 있는 돈을 줘요"라며 제 편을 들어주셨지요.

자동차가 없던 시절 자식들이 집을 떠날 때마다 짐을 소달구

지에 싣고 15리나 되는 먼 길을 데려다 주셨지요. 훗날 자식들이 자동차로 떠나면 뒷짐을 지고 마당에 서서 한동안 멍하니 바라보셨던 아버지….

아버지,
통일의 길은 남들이 걷는 길과는 많이 달라요. 하지만 그 길에서 만나는 탈북민들에게서 저는 늘 아버지를 봐요. 그리움으로 출렁이고 기다림으로 저린 그들의 마음이 제 가슴 깊숙이 스며들어요. 그 마음이 곧 아버지 마음이기에 아무리 힘들어도 이 길을 멈출 수가 없어요. 어느덧 그들과 함께한 세월도 22년이나 흘렀네요.
시간이 지나면 추억도 빛이 바랜다지만 아버지와의 추억은 언제나 어제처럼 선명해요. 어쩌면 탈북민들의 눈빛과 목소리 속에서 아버지를 매일 만나고 있기 때문일지도 몰라요.

아버지,
제가 걷는 길은 울퉁불퉁하고 사연도 참 많아요. 세상에 평탄한 길만 있겠냐마는, 아버지가 하늘에서 지켜보고 계시다는 생각에 마음을 다잡으며 한 걸음 또 한 걸음 내딛고 있어요.

사실 제가 가는 이 길의 끝이 어디일지, 그 끝에 무엇이 기다리고 있을지 저는 알지 못해요. 아버지께서는 "일은 사람이 꾸며도 성사는 하늘이 내린다"고 말씀하셨지요. 그 말을 가슴에 새기며 아버지가 내어주신 길을 걷고 있어요.

 길주의 약속을 하던 때만 해도 통일의 길이 이렇게 멀고 험할 줄은 몰랐어요. 같은 뿌리를 둔 한 민족이니 함께 사는 게 너무도 당연하다고만 생각했지요. 하지만 이건 알아요. 길이 아무리 험해도 마음을 모아 함께 걸으면 언젠가는 반듯한 길이 된다는 걸요. 그래서 서둘러 가면 도리어 이르지 못한다는 생각으로 천천히 가고 있어요.

 길이 굽이치고 거칠어도 햇살은 참 따뜻해요. 옹기종기 모여 서로를 보듬는 마음이 정겹고 주고도 아까워하지 않는 마음들이 포근해요. 세상은 끼리끼리 모인다는데 탈북민을 돕는 모든 사람들의 마음이 다 이렇게 닮았다는 게 얼마나 감사한지 몰라요.

 아버지,
하늘나라에서 딸에게 선물 몇 개 내려주세요. 현명하게 살아갈 지혜를 주시고 고난을 견뎌낼 인내를 주시고 무엇보다도 아버지의 고향을 가도록 해주세요.

"형제간에 화목해라, 두 발을 땅에 딛고 살아라, 원칙을 지키면 탈이 안 난다."

귀한 가르침은 지금도 제 마음 깊이 자리하고 있어요. 길주로 가는 아버지의 약도도 여전히 그 안에 있고요. 통일이 되면 아버지를 만나러 맨발로라도 달려갈게요.

아버지가 하늘로 떠나신 지 어느덧 17년이 흘렀네요. 아버지께서는 하늘에서도 고향 사람들과 가깝게 지내고 싶으셨나 봐요. 일죽 IC를 지나 왼쪽으로 조금 가면 아버지가 계시는 이천호국원이 있고 오른쪽에는 탈북민 정착지원 사무소인 통일부 하나원이 있어요. 하나원에 강의를 갈 때마다 아버지께 들렀었는데 요즘은 발길이 뜸해 혹시나 서운해하시진 않을까 마음이 쓰여요.

엄마의 아흔두 번째 생신 때 아버지가 좋아하시는 '수덕사의 여승'을 축하곡으로 불렀어요. 아버지 고희 잔치에서 그 노래 들으시며 환하게 웃으시던 모습이 떠올라 목이 메이고 눈물이 핑 돌았어요. 혹시라도 엄마가 그리워도 서둘러 부르진 마세요. 아직은 우리 곁에 오래 계셔야 하니까요.

아버지,

한 가지 더 부탁드릴게요. 북한에 있는 사촌들을 데려와 함께 잘 살게 해주겠다는 약속, 할아버지 할머니 묘를 이장해 드리겠다는 아버지와의 약속을 지킬 수 있도록 하늘에서 딸을 꼭 도와주세요.

사랑하는 아버지,

아버지 고향 길주에 가고 싶어요. 그곳에 가면 그리운 아버지를 뵐 것만 같아요.

오늘따라 아버지가 유난히 그립습니다.

닫는 글

하나의 목적지를 향해

    단박에 이루어지는 꿈은 없다. 태산도 티끌 하나하나가 쌓여 저리 높아졌고 바다도 물 한 방울 한 방울이 모여 저리 깊어졌다. 아득히 먼 길도 걷고 걸으면 지척이 되고 훗날엔 이야기가 넘실대는 추억이 된다. 내가 걸어온 통일의 길 또한 처음엔 까마득했다. 하지만 여럿이 마음을 모아 손잡고 걸으니 먼 길도 지치지 않았다.
    꽃 한 송이를 피우는 데도 계절이 바뀌어야 하거늘, 통일의 꽃을 피우려면 계절이 얼마나 돌고 돌아야 할까. 멀고 험하다고 멈추면 저기는 결코 여기가 되지 못한다. 작은 일이라고 소홀히 하고 어렵다고 지레 포기하면 누구도 큰일을 이루지 못한다. "배는 항구에 있을 때 가장 안전하지만 항구에 머물기 위해 만들어진 게 아니다"라는 파울로 코엘료의 말은 멀고 험한 길을 가는 이에게 불러주는 응원가처럼 들린다. 오늘의 작은 실천 하나가 내일의 큰 꿈을 만든다. 조금씩 채우고 마음을 모으면 길이 되고 꿈이 된다.

통일이라는 버거운 길을 걸으며 주저앉고 싶은 순간도 많았다. 그때마다 많은 분들이 함께해 주셔서 여기까지 올 수 있었다. 마음으로 모아주신 디딤돌로 '통일로 가는 다리'를 제법 길게 놓고, 마음으로 심어주신 꽃들로 '통일동산'을 화사하게 꾸밀 수 있었다. 길목마다 구구절절한 사연과 곡절이 얽혀 있었지만 오늘 심은 작은 씨앗들이 세월을 견뎌 언젠가 화사한 꽃을 피워내리라는 희망만은 놓지 않았다. 걸어온 길, 걸어갈 길은 여전히 '미완'이다. 그 끝이 어디일지 어떤 풍경일지는 나도 가늠하지 못한다. 하지만 나는 멈추지 않고 뚜벅뚜벅 묵묵히 걸어갈 것이다.

굳건한 초심도 세파에 자주 흔들린다. 그럴 때마다 나는 "첫눈 온 들판을 어지러이 걷지 마라. 그대의 걸음은 뒤에 오는 자의 길이 된다"라는 구절을 떠올리며 마음을 다잡는다. 누군가가 내 발자국을 따라올지도 모른다고 생각하면 자연스레 걸음걸이가 조심스럽다.

걸어온 길을 돌아보면 아쉬움이 길게 줄을 선다. 조금 더 보듬어 줄 걸, 조금 더 이야기를 들어줄 걸, 조금 더 챙겨줄 걸, 조금 더 오래 곁에 있어줄 걸…. 마주하면 닮는다고 했다. 내 삶의 3할을 아버지 고향 사람인 탈북민들과 웃고 울며 함께 했으니 내가 그들을 닮은 건 어쩌면 당연한지도 모른다. 닮았다면 그것은 내게 주어진 고마운 훈장일 것이다. 마음을 다했다는 훈장이니 세상의 그 어떤 훈장이 이보다 더 값지겠는가.

새조위는 나 혼자 힘으로 이룬 게 아니다. 앞에서 끌어주고 뒤에서 밀어준 덕분에 여기까지 올 수 있었다. 굽이진 길목마다 "멀리 가려면 손잡고 함께 가라"는 말을 떠올렸다. 새조위는 마음이 행동으로 이어진 역사다. 특히 물심양면으로 새조위를 보듬어 주신 최신원 회장님, 양재훈 사장님, 김진원 사장님께 깊은 감사를 드린다.

평생을 기자로 지내온 친구 신동열 작가가 여기저기 생각의 씨앗을 심어주었다. 희미해진 기억들을 생생히 되살려 자료로 정리해준 최경석 박사, 유석상 국장, 허정윤 전문가에게도 고마움을 전한다.

  가야 할 길은 여전히 아득하다. 하지만 외부 환경이 척박하게 변할지라도 희망을 품고 손을 맞잡으면 목적지에 반드시 도달할 것이다. 오늘도 나는 한 손에는 사명을, 또 한 손에는 통일의 꿈을 굳게 쥐고 길을 간다. 우리 모두의 마음이 이어져 자유롭고 희망찬 통일 한반도가 세계의 모범국가로 우뚝 서기를 소망한다.

떠나온 이들과 함께한 그리움의 시간들

아버지의 북녘하늘

초판인쇄 | 2025년 10월 31일
초판발행 | 2025년 11월 05일
지은이 | 신미녀
펴낸이 | 김경희
펴낸곳 | 말그릇
 (우)02030 서울시 중랑구 공릉로 12가길 52~6(묵동)
 전 화 | 02-971-4154
 팩 스 | 0504-194-7032
 이메일 | wjdek421@naver.com
 등록번호 2020년 1월 6일 제2020-3호

ⓒ 신미녀 2025
값 17,000원

ISBN 979-11-92837-25-3 (03810)

• 저자와 합의하에 인지는 생략합니다.
• 잘못된 책은 구입하신 곳에서 교환해드립니다.
• 이 책의 글과 사진의 저작권은 저자와 출판사에 있습니다. 허락 없이 발췌나 복제를 금합니다.

이 도서의 국립중앙도서관 출판예정도서목록(CIP)은 서지정보유통지원시스템 홈페이지(http://seoji.nl.go.kr)와 국가자료종합목록 구축시스템(http://kolis-net.nl.go.kr)에서 이용할 수 있습니다.